객관식 형법이론 100선

객 | 관 | 식 | 형 | 법 | 이 | 론 | 1 0 0 | 선

도서출판 사람들

머리말

죽음의 레이스가 계속되고 있는 가운데에도 햇살은 미치고 싶을 정도로 화안하게 온 창을 가득 메우고 있다. 시험을 불과 한 달 앞두고서야 비로소 학생들하고 한 약속을 지킬 수 있게 되었다. 너무나 죄송스럽다. 한편으로는 천만다행구나 싶다. 이제라도 책을 낼 수 있게 되었으니….

필수이론 50선에는 기본적이고 필수적인 이론만 실었다. 이번에 내는 100선에는 거기에 싣지 않은 응용문제와 사례문제를 실었다. 50선으로 기본을 다지고 100선으로 훈련한다면 금상첨화, 화룡점정이리라. 모두 합쳐 150문제이니까 부담도 덜하다. 150문제! 돌리고 돌린다면 가장 효율적으로 형법이론을 정리해 낼 수 있을 것이다.

시험에 자주 나오는 중요한 논점들에는 문제를 많이 배치했다. 예를 들어서 위법성조각사유의 전제사실의 착오 같은 경우는 여덟 문제를 실어서 충분히 훈련이 되도록 했다. 이 책에 실려 있는 문제 수에 따라서 강약을 조절해 가면서 공부한다면 체력안배를 효과적으로 할 수 있을 것이다.

언제나 물심양면으로 나를 도와주는 베리타스의 이태섭 교수한테 고맙다는 말을 전한다. 한 시즌 달리느라 고생했으니 꿀맛 같은 휴식을 만끽하기를…. 도서출판 〈사람들〉의 김명석 대표님도 변함없이 나를 편안히 도와주신다. 하시는 사업이 나날이 융성하기를 간절히 기원드린다. 편집하느라 수고하신 전희주 씨에게도 고맙다는 말씀을 전한다.

시험이 다가올수록 수험생들의 불안감들이 커져서 신림동 하늘은 온통 거대하고 음울한 기운으로 가득하다. 이럴 때 수험생이 가져야 하는 덕목은 뭘까? “지금부터 시작이다!”는 생각이다. 이 생각을 날마다 틈날 때마다 끊임없이 떠올린다면 막연하고 관념적인 불안감을 구체적으로 이겨낼 용기가 샘솟을 것이다. 시험이 한 달 밖에 남지 않았어도 “지금부터 시작”이요, 시험 전날에도 “지금부터 시작”인 것이다. 그렇다. 지금부터 시작이다! 막연하고 관념적인 허깨비와 싸우지 말고 지금부터 뚜벅뚜벅 걸어 나가자. 그러다 보면 곧 밝은 봄 햇살이 우리를 반겨 줄 것이다. 모든 수험생들의 완주와 건투를 빈다.

2010. 1. 28.

정인수

1. 다음 〈보기〉의 사안들 가운데에서 甲의 행위에 대해 대한민국의 형법(형벌법규)이 적용되는 경우를 모두 고른 것은? (다툼이 있는 경우에는 판례에 의함)

〈보기〉

a. 중국 국적을 가진 甲은 중국 북경시에 소재한 대한민국 영사관 내에서 A명의의 여권발급신청서를 위조했다.

b. 대한민국 국적을 가진 甲은 반미 구호를 외치며 화염병을 휴대해 미국 문화원 내에 들어가 기물을 파손하고 이를 저지하는 경찰관에게 폭행을 가했다.

c. 대한민국 국적을 가진 甲은 도박이 범죄가 되지 않는 미국의 네바다주에 있는 M호텔 카지노에서 수차례에 걸쳐 도박했다.

d. 중국 국적을 가진 甲은 중국에서 대한민국 국적 주식회사의 인장을 위조했다.

e. 미국 국적을 가진 甲은 향정신성의약품인 메스암페타민의 매입에 관해 서울에 소재하는 R호텔 커피숍에서 乙과 공모한 다음, 이틀 후 홍콩에 소재하는 M호텔에서 홍콩인 丙으로부터 메스암페타민 3㎏을 미화 24,000달러에 매수했다.

f. 중국 국적을 가진 甲은 행사할 목적으로 중국에서 대한민국 지폐를 위조했다.

g. 대한민국 국적을 가진 甲은 우리나라와는 달리 대마(大麻)의 일종인 해쉬쉬(hashish)의 흡입을 처벌하지 않는 네덜란드에서 해쉬쉬를 구매해 흡입했다.

① a, b, c, d, e, f　　② b, c, e, f
③ b, c, d, e, f, g　　④ a, b, c, d, e, f, g
⑤ b, c, e, f, g　　⑥ a, b, c, e, f, g
⑦ a, d　　⑧ a, b, c, d, e

해설

a. 적용되지 않는다. "형법의 적용에 관하여 같은 법 제2조는 대한민국 영역 내에서 죄를 범한 내국인과 외국인에게 적용한다고 규정하고 있으며, 같은 법 제6조 본문은 대한민국 영역 외에서 대한민국 또는 대한민국 국민에 대하여 같은 법 제5조에 기재한 이외의 죄를 범한 외국인에게 적용한다고 규정하고 있는바, 중국 북경시에 소재한 대한민국 영사관 내부는 여전히 중국의 영토에 속할 뿐 이를 대한민국의 영토로서 그 영역에 해당한다고 볼 수 없을 뿐 아니라, 사문서위조죄가 형법 제6조의 대한민국 또는 대한민국 국민에 대하여 범한 죄에 해당하지 아니함은 명백하다"[大判 2006. 9. 22, 2006도5010].

b. 적용된다. 이 경우에 대법원은 속인주의에 의한 형법의 적용을 인정했다. 즉, "국제협정이나 관행에 의하여 대한민국 내에 있는 미국문화원이 치외법권지역이고 그 곳을 미국영토의 연장으로 본다 하더라도 그 곳에서 죄를 범한 대한민국 국민에 대하여 우리 법원에 먼저 공소가 제기되고 미국이 자국의 재판권을 주장하지 않고 있는 이상 속인주의를 함께 채택하고 있는 우리나라의 재판권은 동인들에게도 당연히 미친다 할 것이며 미국문화원측이 동인들에 대한 처벌을 바라지 않았다고 하여 그

재판권이 배제되는 것도 아니다"라고 보았다[大判 1986. 6. 24, 86도403].

c. 적용된다. 속인주의를 규정한 형법 제3조에 따라 형법이 적용된다. 이와 관련해서 판례도 "형법 제3조는 「본법은 대한민국 영역 외에서 죄를 범한 내국인에게 적용한다」고 하여 형법의 적용 범위에 관한 속인주의를 규정하고 있고, 또한 국가 정책적 견지에서 도박죄의 보호법익보다 좀 더 높은 국가이익을 위하여 예외적으로 내국인의 출입을 허용하는 폐광지역개발지원에관한특별법 등에 따라 카지노에 출입하는 것은 법령에 의한 행위로 위법성이 조각된다고 할 것이나, 도박죄를 처벌하지 않는 외국 카지노에서의 도박이라는 사정만으로 그 위법성이 조각된다고 할 수 없다"고 설시했다[大判 2004. 4. 23, 2002도2518].

d. 적용되지 않는다. 판례는 "형법 제239조 제1항의 사인위조죄는 형법 제6조의 대한민국 또는 대한민국국민에 대하여 범한 죄에 해당하지 아니하므로 중국 국적자가 중국에서 대한민국 국적 주식회사의 인장을 위조한 경우에는 외국인의 국외범으로서 그에 대하여 재판권이 없다"고 한다[大判 2002. 11. 26, 2002도4929].

e. 적용된다. 형법 제2조를 적용함에 있어서 경우 공모지도 범죄지로 보아야 하므로 [大判 1998. 11. 27, 98도2734] 甲의 경우 국내범으로서 형법이 적용된다.

f. 적용된다. 형법 제5조는 통화에 관한 죄에 대해 대한민국 영역 외에서 죄를 범한 외국인에게 형법이 적용된다고 규정하고 있다.

g. 적용된다. 형법 제3조의 속인주의에 의해 형벌법규가 적용된다.

※ 따라서 우리 형법이 적용되는 것은 b, c, e, f, g의 5개이다.

정답 ⑤

2. 형법의 시간적 적용범위와 공간적 적용범위에 관한 기술 중 옳지 않은 것을 모두 고른 것은?

(가) 형법전에 한시법의 추급효를 인정하는 명문규정이 없는데도 개별 한시법에서 그 법의 추급효를 인정한다는 규정을 두어서 추급적용한다면, 이는 추급효 부정설의 기본입장에 반하는 입법이 된다.

(나) 폐지된 법률의 추급적용에 관한 판례의 입장인 소위 동기설에 의하면, 형법 제1조 제2항에 반하여 피고인에게 불리하게 법을 적용하게 되는 경우가 발생할 수 있다는 측면에서 죄형법정주의와의 충돌이 문제될 수 있다.

(다) 행위시법에서는 금고형만이 규정되어 있던 것이 변경된 신법에는 같은 형기의 징역형과 더불어 벌금형이 선택형으로 규정되어 있다면, 신법이 구법보다 경한 때에 해당하므로 신법이 적용된다.

(라) 일본인이 유통시킬 목적으로 홍콩에서 1,000엔짜리 일본화폐를 1,000장 위조한 경우, 형법이 세계주의를 취하지 않기 때문에 형법을 적용할 수 없다.

(마) 독일인 A가 독일인 남자와 결혼한 한국인 B와 간통죄의 처벌규정이 없는 독일에서 간통을 하였다면, 독일인 A에 대하여 형법을 적용할 수 없다.
(바) 포괄일죄에서 개개의 범죄행위가 법개정의 전후에 걸쳐서 행하여진 경우에는 형의 경중에 대한 비교의 필요 없이 신법을 적용해야 한다는 것이 판례의 입장이다.

① (나) (다) ② (다) (라)
③ (라) (마) ④ (가) (다) (라)
⑤ (나) (라) (바) ⑥ (나) (마) (바)
⑦ (나) (다) (라) (마) ⑧ (가) (다) (라) (마)

해설

(가) (X) 추급효 부정설도, 개별 한시법의 규정을 통하여 추급적용하는 것은 가능하다고 본다.

(나) (O) 법률의 변경이 소위 사실관계의 변경에 기인하는 경우, 피고인에게 불리한 행위시법의 추급효를 인정함으로써, 형법 제1조 제2항의 명문규정에 반하는 법적용의 결과를 초래하여 죄형법정주의의 위반이라는 문제가 발생할 수 있다.

(다) (X) 경중의 비교는 일단 중한 형끼리 먼저 이루어지는데, 형기가 같을 경우 징역형이 금고형보다 중한 형에 해당하므로, 이 경우 신법이 더 중하게 변경된 것이고, 따라서 행위시법이 적용된다.

(라) (X) 형법 제207조 제3항, 제5조 제4호에 의하여 대한민국 형법 적용 가능. 현행 형법이 세계주의를 채택하고 있는지가 문제된다. 이에 대해서는 제207조 제3항은 보호주의에 부수되는 것일 뿐 세계주의를 선언한 것은 아니라는 부정설이 있으나, 형법 제5조 4호가 통화에 관한 죄의 외국인의 국외범을 처벌하고 있고, 제207조 제3항이 외국통용 외국통화를 위조·변조하는 행위를 처벌하고 있음을 고려할 때 세계주의가 예외적으로 채택되어 있다고 보는 긍정설이 다수설이다.

(마) (O) 형법 제6조 단서조항에 의하여 형법 적용이 불가함.

(바) (O) [大判 1998. 2. 24, 97도183] 포괄일죄로 되는 개개의 범죄행위가 법개정의 전후에 걸쳐서 행하여진 경우에는 신·구법의 법정형에 대한 경중을 비교하여 볼 필요도 없이 범죄실행종료시의 법이라고 할 수 있는 신법을 적용하여 포괄일죄로 처단하여야 한다.

정답 ④

3. 대한민국의 형벌법규의 적용여부에 관해 옳은 것(O)과 옳지 않은 것(X)을 바르게 설명한 것은? (다툼이 있는 경우에는 판례에 의함)

가. 캐나다 국적을 가진 외국인이 북한의 지령을 받고 국내에 잠입하여 활동하던 중 그 목적 수행을 위해 서울 김포공항에서 대한항공편으로 중국 북경으로 출국한 후 그곳에서 다시 북한 평양에 들어간 경우 - 속지주의(제2조), 기국주의(제4조)에 의해 대한민국의 형벌법규가 적용됨
나. 우리나라 안에 있는 항구에 정박중인 외국선박안에서 외국인 선원이 우리나라 사람을 살해한 경우 - 속지주의에 의하여 우리나라 형법이 적용됨
다. 대한민국 국적을 가진 자가 카지노의 출입이 허용되어 있는 외국에서 도박을 한 경우 - 속인주의에 의해 우리나라 형법이 적용됨
라. 대한민국 영역 외에서 외국인이 우리나라의 국기에 관한 죄를 범하였는데, 이 죄가 당해 외국인이 속해 있는 국가에서는 죄가 되지 않은 경우 - 국가보호주의(제5조)에 의해 우리나라 형법이 적용됨
마. 대한민국 영역외에서 외국인이 자국에서는 처벌되지 않는 간통죄를 한국인과 범한 경우 - 외국인에게는 우리나라 형법이 적용 안 됨
바. 중국 국적자가 중국에서 대한민국 국적의 주식회사의 인장을 위조한 경우 - 국민보호주의(제6조)에 의해 우리나라 형법이 적용됨
사. 한국인이 독일에서 독일인(간통죄 불처벌국)과 간통한 경우 - 한국인에 대해서는 내국인의 국외범으로서 속인주의(제3조)에 의해 우리나라 형법이 적용됨
아. 미국인 甲이 하와이에서 한국인 乙을 상해하여 미국형법의 적용을 받아 처벌받은 후 한국에 입국하였다가 체포된 경우 - 보호주의에 의해 한국형법이 적용되어 처벌될 수 있음

① 가(X), 나(X), 다(X), 라(O), 마(O), 바(O), 사(X), 아(X)
② 가(X), 나(X), 다(O), 라(O), 마(O), 바(X), 사(X), 아(X)
③ 가(X), 나(O), 다(X), 라(O), 마(X), 바(O), 사(X), 아(O)
④ 가(O), 나(X), 다(O), 라(X), 마(O), 바(X), 사(O), 아(X)
⑤ 가(O), 나(O), 다(O), 라(X), 마(X), 바(X), 사(X), 아(X)
⑥ 가(O), 나(O), 다(O), 라(O), 마(X), 바(X), 사(X), 아(X)
⑦ 가(O), 나(O), 다(O), 라(O), 마(O), 바(X), 사(O), 아(X)
⑧ 가(O), 나(O), 다(O), 라(O), 마(O), 바(X), 사(O), 아(O)

해설

가. (O) [大判 1997. 11. 20, 97도2021] 헌법 제3조는 대한민국의 영토는 한반도와 그 부속도서로 한다고 규정하고 있어 북한도 대한민국의 영토에 속하는 것이 분명하므로, 〈캐나다 국적을 가진 피고인이 북한의 지령을 받기 위하여 캐나다 토론토를 출발하여 일본과 중국을 순차 경유하여 북한 평양에 들어간 행위는 제3국과 대한민국 영역 내에 걸쳐서 이루어진 것이고,〉 피고인이 북한의 지령을 받고 국내에 잠입하여 활동하던 중 그 목

적수행을 위하여 서울 김포공항에서 대한항공편으로 중국 북경으로 출국한 후 중국 북경에서 북한 평양으로 들어간 행위는 대한민국 영역 내와 대한민국 영역 외에 있는 대한민국의 항공기 내 및 대한민국의 통치권이 미치지 아니하는 제3국에 걸쳐서 이루어진 것이라고 할 것인바, 이와 같은 경우에는 비록 피고인이 캐나다 국적을 가진 외국인이라고 하더라도 형법 제2조(속지주의), 제4조(기국주의)에 의하여 대한민국의 형벌법규가 적용되어야 할 것이고, 형법 제5조, 제6조에 정한 외국인의 국외범 문제로 다룰 것은 아니다.
※ 주의할 것은 〈 〉친 부분의 사실관계에 대해서만 우리 형법이 적용되지 않는 것으로 판례의 태도가 변경되었다는 것이다[大判(全) 2008. 4. 17. 선고 2004도4899]. 나머지는 여전히 유효하므로 지문의 내용은 옳다.

[大判(全) 2008. 4. 17. 2004도4899] [1] 국가보안법의 입법 취지와 같은 법 제6조 제1항, 제2항의 문언의 의미, 특히 탈출이라는 용어는 일반적으로 구속상태나 제한상황에서 벗어나는 행위 또는 빠져나가는 행위를 뜻한다는 점 등을 종합해 볼 때, 위 각 조항의 탈출이란 대한민국의 통치권 또는 지배력으로부터 벗어나는 행위를 뜻한다고 볼 것이고, 대한민국의 통치권은 대한민국의 영역은 물론 국민에 대하여도 미치는 것이므로 그러한 통치권이 실지로 미치는 지역 또는 상태에서 벗어나 통치권이 사실상 행사되기 어려운 지역 또는 상태로 이탈하는 행위는 모두 위 각 조항의 탈출에 해당할 수 있다. 따라서 국가보안법 제6조 제1항의 탈출에는, 누구라도 대한민국의 통치권이 실지로 미치는 지역을 떠나 직접 또는 외국을 거쳐 바로 반국가단체의 지배하에 있는 지역으로 들어가는 행위 외에 대한민국 국민이 외국에 거주하다가 그곳을 떠나 그에 대한 대한민국의 통치권이 사실상 행사되기 어려운 반국가단체의 지배하에 있는 지역으로 들어가는 행위도 포함되며, 제6조 제2항의 탈출에는 위 행위 외에 누구라도 대한민국의 통치권이 실지로 미치는 지역을 떠나 외국으로 나가는 행위까지 포함된다. [2] 대한민국 국민이 아닌 사람이 외국에 거주하다가 그곳을 떠나 반국가단체의 지배하에 있는 지역으로 들어가는 행위는, 대한민국의 영역에 대한 통치권이 실지로 미치는 지역을 떠나는 행위 또는 대한민국의 국민에 대한 통치권으로부터 벗어나는 행위 어디에도 해당하지 않으므로, 이는 국가보안법 제6조 제1항, 제2항의 탈출 개념에 포함되지 않는다. [3] 대한민국 국민이던 사람이 대한민국 국적을 상실하기 전 4회에 걸쳐 북한의 초청에 응하여 거주하고 있던 독일에서 출발하여 북한을 방문하였고, 그 후 독일 국적을 취득함에 따라 대한민국 국적을 상실한 후에도 거주지인 독일에서 출발하여 북한을 방문한 사안에서, 대한민국 국적을 상실하기 전의 방문행위는 국가보안법 제6조 제2항의 탈출에 해당하지만 대한민국 국적을 상실한 후의 방문행위는 국가보안법 제6조 제2항의 탈출 개념에 해당하지 않는다고 본 사례. [4] 국가보안법 제6조 제2항의 "반국가단체나 그 구성원의 지령을 받거나 받기 위하여 또는 그 목적수행을 협의하거나 협의하기 위하여 잠입하거나 탈출한 자" 및 같은 법 제8조 제1항의 "국가의 존립 · 안전이나 자유민주적 기본질서를 위태롭게 한다는 정을 알면서 반국가단체의 구성원 또는 그 지령을 받은 자와 회합 · 통신 기타의 방법으로 연락을 한 자"의 적용과 관련하여, 독일인이 독일 내에서 북한의 지령을 받아 베를린 주재 북한이익대표부를 방문하고 그곳에서 북한공작원을 만났다면 위 각 구성요건상

범죄지는 모두 독일이므로 이는 외국인의 국외범에 해당하여, 형법 제5조와 제6조에서 정한 요건에 해당하지 않는 이상 위 각 조항을 적용하여 처벌할 수 없다.

나. (O) 본법은 대한민국 영역 내에서 죄를 범한 내국인과 외국인에게 적용한다(제2조. 속지주의). '대한민국의 영역'이란 한반도와 그 부속도서(영토 · 영해 · 영공)를 말한다.

다. (O) [大判 2001. 9. 25, 99도3337] 형법 제3조는 '본법은 대한민국 영역 외에서 죄를 범한 내국인에게 적용한다.'고 하여 형법의 적용 범위에 관한 속인주의를 규정하고 있는바, 필리핀국에서 카지노의 외국인 출입이 허용되어 있다 하여도 형법 제3조에 따라 필리핀국에서 도박을 한 피고인에게 우리나라 형법이 당연히 적용된다.

라. (O) 본법은 대한민국 영역 외에서 다음에 기재한 죄를 범한 외국인에게 적용한다. … 3. 국기에 관한 죄 … (제5조). 제5조는 국가보호주의를 채택한 규정이다. "단 행위지의 법률에 의하여 범죄를 구성하지 아니하거나 소추 또는 형의 집행을 면제할 경우에는 예외로 한다."는 규정은 제6조에만 해당되는 것이다.

마. (O) 대한민국 영역외이므로 속지주의는 적용되지 않고 외국인이므로 속인주의도 적용되지 않는다. 제5조의 보호주의에도 해당 사항이 없고 제6조의 적용이 문제되는데 제6조는 그 단서에서 "단 행위지의 법률에 의하여 범죄를 구성하지 아니하거나 소추 또는 형의 집행을 면제할 경우에는 예외로 한다."라고 규정하여 상호주의를 채택하고 있다. (예) 독일인이 간통을 벌하지 않는 독일에서 한국인 기혼여성과 간통한 경우→독일인에게는 제6조 단서에 의하여 우리 형법 적용 안 됨.

바. (X) [大判 2002. 11. 26, 2002도4929] 형법 제239조 제1항의 사인위조죄는 형법 제6조의 대한민국 또는 대한민국국민에 대하여 범한 죄에 해당하지 아니하므로 중국 국적자가 중국에서 대한민국 국적 주식회사의 인장을 위조한 경우에는 외국인의 국외범으로서 그에 대하여 재판권이 없다.

사. (O) 본법은 대한민국 영역 외에서 죄를 범한 내국인에게 적용한다(제3조. 속인주의).

아. (O) 범죄에 의하여 외국에서 형의 전부 또는 일부의 집행을 받은 자에 대하여는 형을 감경 또는 면제할 수 있다(제7조). 그러나 제7조는 형의 임의적 감면사유이므로 다시 형을 선고할 수도 있다.

정답 ⑧

4. 대한민국 형법을 적용할 수 없는 경우를 모두 묶은 것은?(다툼이 있는 경우에는 판례에 의함)

A. 일본인이 여행경비로 사용하기 위하여 한국에서 100달러짜리 미화 10장을 위조하였다.
B. 일본인이 일본에서 사업자금으로 사용하기 위하여 100달러짜리 미화 1만장을 위조하였다.

C. 일본인이 일본에서 행사할 목적으로 한국기업이 채무자로 되어 있는 미화 1만 달러 채무의 차용증서를 허위로 작성하였다.
D. 한국 국적의 국제여객선에 고용된 미국인 의사가 뉴욕항에 정박 중인 선박 내에서 일본인에 대한 허위의 상해진단서를 작성하여 발급하였다.
E. 사자명예훼손죄를 불가벌로 하고 있는 프랑스의 한국특파원 기자가 이미 사망한 전직 한국대통령에 대하여 허위의 사실을 적시하면서 폄하하는 내용의 기사를 본국에 송고하여 프랑스 일간지에 게재되게 하였다.
F. 일본인이 미국 여행 중 중국인을 살해하고 한국으로 도피하여 살다가 한국여자와 결혼한 후 한국국적을 취득하여 한국에서 살고 있다.

① A, D	② B, E
③ C, F	④ A, C, E
⑤ B, C, D	⑥ C, D, F
⑦ A, B, D, E	⑧ B, D, E, F

A. [적용가능] 형법 제2조에 의하여 제207조가 적용됨

B. [적용가능] 형법 제5조에 의하여 제207조가 적용됨

C. [적용불가능] 외국인이 외국에서 사문서를 위조 또는 변조했을 경우에는 한국 형법의 적용이 불가능함.

[大判 2006. 9. 22, 2006도5010] 외국인이 중국 북경시에 소재한 대한민국 영사관 내에서 여권발급신청서를 위조하였다는 취지의 공소사실에 대하여, 외국인의 국외범에 해당한다는 이유로 피고인에 대한 재판권이 없다고 한 사례.

형법의 적용에 관하여 같은 법 제2조는 대한민국 영역 내에서 죄를 범한 내국인과 외국인에게 적용한다고 규정하고 있으며, 같은 법 제6조 본문은 대한민국 영역 외에서 대한민국 또는 대한민국 국민에 대하여 같은 법 제5조에 기재한 이외의 죄를 범한 외국인에게 적용한다고 규정하고 있는바, <u>중국 북경시에 소재한 대한민국 영사관 내부는 여전히 중국의 영토에 속할 뿐 이를 대한민국의 영토로서 그 영역에 해당한다고 볼 수 없을 뿐 아니라, 사문서위조죄가 형법 제6조의 대한민국 또는 대한민국 국민에 대하여 범한 죄에 해당하지 아니함은 명백하다</u>(판결이유 중).

D. [적용가능] 형법 제4조에 의하여 제233조가 적용됨

E. [적용가능] 형법 제2조에 의하여 제308조가 적용됨

F. [적용불가능] 속인주의가 적용되기 위해서는 행위 당시 대한민국 국적자이어야 하므로 형법이 적용되지 않는다.

정답 ③

5. 법인의 범죄능력 긍정설의 논거에는 O, 부정설의 논거에는 X를 표시하시오.

㉠ 범죄는 자연인의 의사활동에 따른 행위인데 법인에게는 의사와 육체가 없다. ( )
㉡ 법인은 기관인 자연인을 통하여 행위하므로 기관의 행위는 개인의 행위임과 동시에 법인의 행위라는 양면성은 갖는다. ( )
㉢ 책임은 위법행위에 대한 사회윤리적 비난을 의미한다. ( )
㉣ 형법이 규정하고 있는 사형과 자유형은 법인에게는 집행할 수 없고 법인의 해산과 업무정지는 형벌이 아니다. ( )
㉤ 법인이 사회적 존재로서 활동하는 행위는 법인의 목적범위 내에 속한다고 해야 한다. ( )
㉥ 법인의 반사회적 활동으로부터 사회를 방위하는 형사정책적 목적은 형벌 이외의 수단에 의하여 달성할 수 있다. ( )
㉦ 법인의 반사회적 활동으로부터 사회를 보호해야 한다. ( )

해설

㉡㉤㉦ (O) ㉠㉢㉣㉥ (X)

6. 법인의 형사책임에 관한 설명으로 올바른 것을 모두 모은 것은?

㉠ 법인실재설을 취하는 경우 법인의 범죄능력을 긍정하게 된다.
㉡ 판례에 의하면 양벌규정이 있는 경우에 한하여 법인의 범죄능력을 인정한다.
㉢ 법인처벌의 근거에 관한 과실책임설은 자연인인 종업원의 과실행위에서 법인의 과실을 의제한다.
㉣ 법인의 범죄능력을 긍정하는 견해는 책임능력을 형벌적응능력으로 본다.
㉤ 양벌규정의 경우, 법인에게 과하는 형벌 중 대표적인 것은 영업정지이다.

① ㉠ ㉡ ㉣ ② ㉡ ㉢
③ ㉢ ㉣ ④ ㉣
⑤ ㉣ ㉤

해설

※ ㉣이 올바른 내용이며 ㉠㉡㉢㉤이 옳지 못하다.

㉠ (X) 사법상의 법인의 본질론과 형법상의 법인의 범죄능력의 인정여부가 논리필연적인 관계에 있는 것은 아니다.

㉡ (X) 판례는 법인의 범죄능력을 부정한다.

㉢ (X) 과실책임설은 종업원의 선임 · 감독에 있어서 법인의 과실책임을 인정한 것으

로 해석하는 견해이다.

㉣ (O) 올바른 지문이다. 한편 법인의 범죄능력을 부정하는 견해는 책임능력을 범죄능력으로 이해한다.

㉤ (X) 양벌규정에서 법인에게 가하는 대표적인 형벌은 벌금이다. 그리고 영업정지는 형벌이 아니다.

정답 ④

7. 소극적 구성요건요소이론에 대한 설명으로 ( ) 안에 들어갈 말 중 가장 알맞은 것은?

소극적 구성요건요소이론은 (A)은 (B)의 소극적 측면이라고 한다. 따라서 (A)이 없는 행위는 (B)도 없다고 한다. 소극적 구성요건요소이론은 위법성조각사유의 요건(전제)사실의 착오에 대해 언제나 (C)의 효과를 인정하는데 이는 (D)가 없기 때문이라고 한다.

	A	B	C	D
①	위법성	구성요건해당성	미수범	불법고의
②	위법성	구성요건해당성	과실범	불법고의
③	위법성	구성요건해당성	과실범	책임고의
④	구성요건해당성	위법성	과실범	책임고의
⑤	구성요건해당성	위법성	미수범	책임고의

해설

[A B] 소극적 구성요건요소이론은 위법성을 구성요건해당성의 소극적 측면이라고 한다. 따라서 구성요건해당성이 있기 위해서는 행위의 주체, 객체 등 구성요건의 적극적 요소와 위법성이 없다고 하는 소극적 요소가 충족되어야 한다고 한다.

[C D] 소극적 구성요건요소이론은 범죄성립요건은 불법(구성요건해당성과 위법성을 합한 개념)과 책임으로 이루어지는데, 사실의 착오이든 법률의 착오이든 불법고의가 인정되지 않기 때문에 과실범이 성립할 수 있을 뿐이라고 한다.

정답 ②

8. 보증인지위와 보증인의무의 체계적 지위에 관한 학설의 내용이다. 위법성설에는 '위', 구성요건설에는 '구', 이분설에는 '이'라고 표시하시오.

㉠ 부진정부작위범의 구성요건은 위법성을 징표하지 못한다. ( )

㉡ 부진정부작위범의 구성요건해당성을 부당하게 확대하게 된다. ( )

㉢ 부진정부작위범이 보증인에 의하여만 범할 수 있는 진정신분범의 성격을 갖게 된다. ( )
㉣ 작위범에 있어서는 법적 의무가 구성요건요소가 아님에도 불구하고 부작위범의 작위의무를 구성요건요소라고 하는 것은 부당하다. ( )
㉤ 보증인지위에 대한 착오는 구성요건적 착오가 되지만 보증인의무에 대한 착오는 금지착오가 된다. ( )

해설

위법성설-㉠㉡, 구성요건설-㉢㉣, 이분설-㉤

9. 사채업자인 A는 동업자들로부터 협박을 받자 甲을 경호원으로 고용하였다. 어느 날 A가 동업자들이 보낸 서너 명의 행동대원들로부터 공격을 받았고, 甲이 그들을 격퇴하는 사이에 A는 도망가다가 연못에 빠졌다. 甲은 공격자들을 모두 쫓아버리고 A를 찾아 나섰는데, 연못에서 사람이 허우적거리는 것을 보았고 구조하지 않으면 사망할 것임을 알았으나, 설마 A는 아닐 것이므로 자기와는 상관없는 일이라고 생각하고 지나쳤으며, 그 결과 A가 사망하였다. 甲의 죄책을 〈보기 1〉의 순서에 따라 검토할 때 ㉠~㉦에 들어갈 어구를 〈보기 2〉의 ⓐ~ⓠ에서 올바르게 조합한 것은?

〈보기 1〉
(1) 甲에게 A의 생명과 안전을 보호해야 할 보증인적 지위와 작위의무가 있는지 검토해야 하는데, 甲에게는 (㉠)에 근거하여 보증인적 지위와 작위의무가 인정된다.
(2) 甲이 연못에 빠진 사람을 A가 아니라고 생각한 것이 보증인적 지위와 작위의무 중 어떤 부분에 대한 착오인지 검토해야 하는데, 이는 (㉡)에 대한 착오로 파악된다.
(3) 甲이 착오를 일으킨 (㉡)가 범죄성립요건 중 무엇의 요소인지 검토해야 하는데, 소위 이원설에 의하면 (㉢)로 이해된다.
(4) 甲의 착오가 사실의 착오와 법률의 착오 중 무엇에 해당되는지 검토해야 하는데, 역시 이원설에 의한다면 (㉣)로 분류된다.
(5) 甲의 착오를 (㉣)로 분류하고 나면 甲에게 (㉤)이 없다는 점은 자연스럽게 인정되기 때문에, 그 다음에는 (㉥)이 있는지 검토해야 한다.
(6) 결론적으로 甲에게 형사상 죄책을 인정할 경우 죄명은 (㉦)가 된다.

〈보기 2〉
ⓐ 법령
ⓑ 계약

ⓒ 선행행위
ⓓ 사회상규
ⓔ 보증인적 지위
ⓕ 작위의무
ⓖ 구성요건요소
ⓗ 위법성요소
ⓘ 사실의 착오
ⓙ 법률의 착오
ⓚ 죄의 성립요소인 사실에 대한 인식
ⓛ 정상의 주의를 태만히 함
ⓜ 죄가 되지 않는 것으로 오인함에 정당한 이유
ⓝ 특별히 중한 죄가 되는 사실에 대한 인식
ⓞ 살인죄
ⓟ 업무상과실치사죄
ⓠ 과실치사죄

① ㉠-ⓐ, ㉢-ⓖ, ㉤-ⓜ, ㉦-ⓞ
② ㉠-ⓑ, ㉢-ⓗ, ㉤-ⓜ, ㉥-ⓛ
③ ㉡-ⓔ, ㉣-ⓘ, ㉤-ⓛ, ㉦-ⓟ
④ ㉡-ⓕ, ㉢-ⓖ, ㉣-ⓘ, ㉥-ⓝ
⑤ ㉡-ⓔ, ㉤-ⓜ, ㉥-ⓝ, ㉦-ⓟ
⑥ ㉡-ⓕ, ㉢-ⓖ, ㉤-ⓚ, ㉥-ⓛ
⑦ ㉢-ⓖ, ㉣-ⓘ, ㉤-ⓚ, ㉥-ⓛ
⑧ ㉢-ⓖ, ㉣-ⓙ, ㉤-ⓚ, ㉦-ⓠ

해설

〈보기1〉의 괄호 속에 들어 갈 말을 〈보기2〉에서 모두 조합하면 다음과 같다.

(1) 甲에게 A의 생명과 안전을 보호 해야 할 보증인적 지위와 작위의무가 있는지 검토해야 하는데, 甲에게는 ㉠ (ⓑ 계약)에 근거하여 보증인적 지위와 작위의무가 인정된다.

(2) 甲이 연못에 빠진 사람을 A가 아니라고 생각한 것이 보증인적 지위와 작위의무 중 어떤 부분에 대한 착오인지 검토해야 하는데, 이는 ㉡ (ⓔ 보증인적 지위)에 대한 착오로 파악된다.

(3) 甲이 착오를 일으킨 ㉡ (ⓔ 보증인적 지위)가 범죄성립요건 중 무엇의 요소인지 검토해야 하는데, 소위 이원설에 의하면 ㉢ (ⓖ 구성요건요소)로 이해된다.

(4) 甲의 착오가 사실의 착오와 법률의 착오 중 무엇에 해당되는지 검토해야 하는데,

역시 이원설에 의한다면 ㉣ (ⓘ 사실의 착오)로 분류된다.

(5) 甲의 착오를 ㉣ (ⓘ 사실의 착오)로 분류하고 나면 甲에게 ㉤ (ⓚ 죄의 성립요소인 사실에 대한 인식)이 없다는 점은 자연스럽게 인정되기 때문에, 그 다음에는 ㉥ (ⓛ 정상의 주의를 태만히 함)이 있는지 검토해야 한다.

(6) 결론적으로 甲에게 형사상 죄책을 인정할 경우 죄명은 ㉦ (ⓟ 업무상과실치사죄)가 된다.

정답 ⑦

10. 부작위범에 대한 다음 설명 중 옳지 않은 것으로만 연결된 것 중 가장 타당한 것은?

가. 보증인지위와 보증인의무를 구별하는 이원설에 의하면 보증인의무에 대한 착오를 일으킨 경우 그 착오에 정당한 이유가 있는지와 관계없이 과실범으로 처벌된다.

나. 부작위범은 작위범에 비하여 비록 행위불법이 가볍다고 하더라도 현행 형법상으로는 작위범과 동일하게 처벌된다.

다. 보증인지위와 보증인의무를 모두 부진정부작위범의 위법성요소로 파악하는 입장에 의하면 부진정부작위범의 구성요건해당성이 지나치게 확대된다.

라. 부작위에 의한 공범의 성립은 불가하나, 부작위범에 대한 공범의 성립은 가능하다.

마. 통설에 의하면 진정부작위범은 인과관계가 문제되지 아니하나, 부진정부작위범은 인과관계가 필요하다.

① 가-나-다 ② 가-다-라
③ 나-라-마 ④ 가-라-마
⑤ 다-라-마 ⑥ 나-다-라
⑦ 다-라 ⑧ 가-나

해설

가. (X) 부진정부작위범에 있어서 보증인지위와 보증인의무의 체계적 지위에 관한 견해 중 이원설에 의하면, 보증인의무는 위법성요소로 보고 이에 대한 착오는 금지착오로 보므로 정당한 이유가 있는 경우에는 책임이 조각되어 무죄가 되고, 정당한 이유가 없는 경우에는 고의범으로 처벌된다. 반면에 보증인지위는 구성요건요소로 보므로 이에 대한 착오는 구성요건적 착오로서 구성요건적 고의가 조각되어 처벌규정이 있는 경우 과실범으로 처벌된다.

나. (O) 독일형법과는 달리 우리 형법은 부작위범의 처벌에 관한 특별규정을 두고 있지 아니하므로 작위범과 동일한 처벌을 받게 된다.

다. (O) 작위의무 없는 자의 부작위도 부진정부작위범의 구성요건에 해당되기 때문이다.

라. (X) 교사는 범죄의사를 적극적으로 결의하게 해야 하므로 부작위에 의한 교사범은 성립될 수 없으나, 부작위에 의해 물질적 · 정신적 도움을 주는 방조범은 성립될 수 있다. 한편 부작위범에 대한 교사 · 방조는 얼마든지 가능하다.

마. (X) 소수설에서는 진정부작위범은 형식범적 성격을 가지기 때문에 인과관계 문제가 거론될 소지가 적으나, 부진정부작위범은 결과범적 성격을 가지기 때문에 인과관계가 필요하다고 한다. 그러나 통설은 부작위범의 인과관계도 작위범의 인과관계와 동일하다고 한다.

정답 ④

11. 다음 사례에서 甲의 죄책에 대한 설명으로 옳지 않은 것은?

헬스클럽의 에어로빅강사인 X는 매우 건강한 신체를 지닌 것에 늘 자부심을 가졌고 그녀를 보는 모든 사람들도 그녀의 건강을 부러워하였다. 어느 날 X는 수강료 반환문제로 헬스클럽의 손님인 甲과 말다툼을 하게 되었는데, 화가 난 甲은 X의 뺨을 때렸고 뺨을 맞은 X는 바닥에 쓰러져 갑자기 사망하고 말았다. X가 자신이 모르는 사이에 심한 고혈압에 걸려있었고, 甲에게 뺨을 맞는 순간 뇌출혈을 일으켰기 때문이었다.

① 전통적 조건설에 의하면 甲이 X의 뺨을 때린 행위가 없었다면 X가 사망하지 않았을 것이라는 관계가 인정되기 때문에 양자 사이에 인과관계가 인정된다.

② 합법칙적 조건설에 의하면 甲이 X의 뺨을 때린 행위로 고혈압에 걸린 X가 사망하였다는 논리법칙, 과학법칙, 경험법칙이 인정되므로 양자 사이에 인과관계가 인정된다.

③ 주관적 상당인과관계설에 의하면 甲이 X의 뺨을 때릴 당시 甲이 인식하였거나 인식할 수 있었던 사정을 기초로 하여 甲의 폭행행위로 X가 사망할 개연성 내지 상당성이 있는가에 의해 인과관계를 판단하는데, 위의 사례에서는 상당인과관계가 부정된다.

④ 객관적 상당인과관계설에 의하면 甲의 폭행행위와 X의 사망사이에 인과관계가 인정되고, 현행형법에서 甲은 폭행죄가 아니라 폭행치사죄로 처벌된다.

⑤ 절충적 상당인과관계설에 의할 경우 甲도 일반인도 X가 고혈압환자라는 것을 인식할 수 없었다면 甲의 행위와 X의 사망 사이에는 상당인과관계가 인정되지 않는다.

⑥ 합법칙적 조건설도 인과관계를 인정하는 범위가 너무 넓은 경우가 많기 때문에 이 이론을 따른 학자들 대부분은 소위 객관적 귀속론에 따라 형법상의 귀책 여부를 결정한다.

⑦ 객관적 귀속론 중 위험증대이론에 의해도 甲의 행위가 X의 생명에 대한 위험을 증대하였는가에 대해 견해가 일치하지 않는다.

⑧ 상당인과관계설은 인과관계란 형법상 책임귀속의 문제로 보아 논리적 인과관계나 과학법칙적 인과관계와 형법상의 인과관계는 다른 개념이라고 한다.

해설

① (O) 전통적 조건설 혹은 논리적 조건설은 '앞의 행위가 없었더라면 뒤의 결과가 발생하지 않았을 것'이라는 소위 c.s.q.n. 공식에 따라 인과관계 유무를 결정하는데, 이 경우 甲의 행위가 없었다면 X의 사망도 없었을 것이라는 관계가 인정된다.

② (O) 합법칙적 조건설은 '행위가 시간적으로 뒤따르는 외계의 변화에 연결되고, 외계의 변화와 행위가 합법칙적으로 결합되어 구성요건적 결과로 실현된 때'에 인과관계를 인정한다. 사안은 '甲이 X의 뺨을 때리는 행위'에 시간적으로 뒤따라 'X가 바닥에 쓰러지는' 외계의 변화가 야기되고 이로 인해 X의 사망이라는 결과가 실현된 경우이다. 따라서 甲의 폭행과 X의 사망 사이에 합법칙적 조건관계를 인정할 수 있다.

③ (O) 주관적 상당인과관계설에 의하면 甲이 알았던 사정은 건강한 사람의 뺨을 치는 것이므로 이 행위로 인해 건강한 사람이 사망할 가능성은 있지만 개연성 내지 상당성은 있다고 할 수 없으므로 인과관계가 부정된다.

④ (X) 형법 제15조 제2항은 결과적 가중범이 성립하기 위해서는 중한 결과에 대한 예견가능성이 있어야 한다고 한다. 그러므로 폭행치사죄가 성립하기 위해서는 행위(X의 뺨을 때리는 행위)와 중한 결과(X의 사망) 사이에 인과관계가 인정되고 나아가 사망의 결과에 대한 예견가능성이 인정되어야 한다. 사안의 경우 ㉠ 객관적 상당인과관계설에서는 행위 당시에 존재했던 모든 사정(이 사례에서는 고혈압환자의 뺨을 때리는 행위)을 기초로 하여 결과발생의 상당성 유무를 판단하는데 고혈압환자의 뺨을 때리면 그가 사망할 개연성(상당성)이 인정되므로 인과관계는 인정된다. ㉡ 다음으로 X의 사망에 대한 예견가능성 유무를 검토해야 한다. 사례에서 X가 뺨을 맞고 X 자신도 몰랐던 심한 고혈압 때문에 뇌출혈을 일으켜 사망한다는 것은 객관적으로 예견할 수 없었다고 보아야 한다. 따라서 甲은 폭행죄의 책임만 지고 폭행치사죄의 책임은 지지 않는다.

⑤ (O) 절충적 상당인과관계설은 행위당시 행위자가 인식한 사정 및 일반인이 인식할 수 있었던 사정을 기초로 상당인과관계를 판단하는데, 사례에서 甲은 물론 일반인도 X가 고혈압환자임을 인식할 수는 없었다.

⑥ (O) 합법칙적 조건설도 조건설이기 때문에 인과관계를 인정하는 범위가 너무 넓은 문제점이 있기 때문에 형법상 책임범위를 좁히기 위한 또 하나의 기준이 필요한데 이것이 객관적 귀속론이다.

⑦ (O) 객관적 귀속의 기준으로 위험증대를 적용하는 학자들 사이에도 이 경우 위험증대를 인정하는 견해와 인정하지 않는 견해가 대립한다.

⑧ (O) 합법칙적 조건설과 객관적 귀속론을 따르는 견해는 인과관계는 형법상 고유한 문제가 아니고 객관적 귀속론이 형법상 고유한 문제라고 한다. 이에 대해 상당인과관계설은 인과관계는 형법상의 귀책유무를 결정하기 위한 것으로 형법상 고유한 개념이라고 한다.

정답 ④

12. 다음은 인과관계에 대한 학설이다. 각 학설에 대한 설명으로 옳지 않은 것으로만 고른 것은?

〈학설〉

Ⅰ. 행위와 결과 사이에 앞의 행위가 없었다면 뒤의 결과가 발생하지 않았을 것이라고 인정되는 경우에 행위와 결과사이에 인과관계를 인정하는 견해.

Ⅱ. 결과를 발생시키는 것이 경험칙상 상당한 조건, 즉 결과에 상당한 조건에 대하여만 인과관계를 인정하는 견해.

Ⅲ. 행위가 시간적으로 뒤따르는 외부세계의 변화에 연결되고 합법칙적으로 결합되어 구성요건적 결과로 실현되었을 때 행위와 결과 사이에 인과관계를 인정하는 견해.

Ⅳ. 결과의 발생에 중요한 영향을 준 조건과 단순한 조건을 구별하여 전자를 원인이라고 하고 후자를 조건이라고 하여, 원인이 된 조건에 대하여만 결과에 대한 인과관계를 인정하는 견해.

Ⅴ. 인과관계와 결과귀속의 문제를 엄격히 구별하여, 인과관계의 문제는 조건설에 의해 해결하되 형법적 평가인 결과귀속여부는 구성요건에 반영된 법률적 중요성에 따라 결정하자는 견해.

〈설명〉

㉠ Ⅰ설에 의하면 각기 독자적으로 동일한 결과에 이를 수 없는 여러 조건들이 공동으로 작용하여 일정한 결과에 이른 경우에 인과관계를 인정할 수 없게 된다.

㉡ Ⅲ의 견해는 종래 조건설의 문제를 극복하고자 새로이 전개된 이론으로서 이에 의하면 일정한 행위가 구성요건결과에 대해 원인이 되지만 그 결과발생에 다른 원인이 개입되었거나 피해자의 잘못 또는 특이체질 등이 결합한 경우에 인과관계가 부정된다.

㉢ Ⅳ설은 상당인과관계설의 출발점이 되었으나 상당인과관계설이 발전하면서 여기에 해소되고만 견해로서 형법상 가치 없는 자연과학적 힘의 강약에 의해 원인과 조건을 구별하는 자연과학적 사고를 무비판적으로 도입하였다.

㉣ Ⅰ의 학설은 정범의 개념에 관한 구성요건적 결과의 발생에 조건을 설정한 자는 직접 · 간접, 적극적 · 소극적을 불문하고 모두 정범이 된다는 확장적 정범개념의 이론적 기초가 되는 학설이다.
㉤ Ⅱ의 견해는 결과적 가중범의 중한 결과에 대한 형의 가중을 책임주의와 일치시키기 위해서 고안된 이론으로 인과관계를 일상적인 생활경험의 범위내로 제한함으로써 형사처벌의 확장을 방지하는 장점이 있다.
㉥ Ⅴ의 학설은 구성요건에 해당하는 행위를 스스로 실현한 자만이 정범이고 구성요건적 행위이외의 행위에 의하여 결과야기에 가공한 자는 정범이 될 수 없다는 정범의 개념에 관한 제한적 정범개념의 이론적 기초이다.
㉦ Ⅰ의 견해에서는 절대적 제약공식에 의해 결정된 조건들에 대하여 책임단계에서 수정을 가함으로써 무제한한 처벌의 확대를 인정하지는 않고 있다.

① ㉠ ㉡ ㉥ ② ㉠ ㉥ ㉦
③ ㉡ ㉢ ㉥ ④ ㉡ ㉣ ㉤
⑤ ㉡ ㉥ ㉦ ⑥ ㉢ ㉥ ㉦
⑦ ㉢ ㉣ ㉦ ⑧ ㉣ ㉥ ㉦

해설

※ Ⅰ은 조건설, Ⅱ는 상당인과관계설, Ⅲ은 합법칙적 조건설, Ⅳ는 원인설, Ⅴ는 중요설이다.

㉠ (X) 조건설에서 누적적(중첩적)인과관계의 경우에는 인과관계가 인정된다.

㉡ (X) 합법칙적 조건설에 의하면 비유형적 인과관계에서도 인과관계가 긍정된다.

㉢ (O) 원인설에 대한 옳은 설명이다.

㉣ (O) 조건설은 확장적 정범개념의 이론적 기초이다.

㉤ (O) 상당인과관계설에 대한 옳은 설명이다.

㉥ (X) 원인설인 Ⅳ의 견해가 제한적 정범개념의 이론적 기초이다.

㉦ (O) 조건설에 의하더라도 인과관계가 긍정되는 범위가 지나치게 확대된다는 것이지 그 처벌까지 무제한으로 확대되는 것은 아니다.

정답 ①

13. 다음 사례를 읽고 甲의 죄책에 대한 설명으로 옳은 것을 모두 모아놓은 것을 고르시오.

[사례]
A는 누가 보아도 겉으로는 매우 건강해 보였으나 사실은 심한 고혈압환자였다. A가 심한 고혈압환자라는 사실을 모르고 있는 甲은 A와 말다툼을 하던 중 흥분

하여 폭행의 고의로 A의 따귀를 한 대 때렸다. 그런데 뜻밖에도 A의 혈압이 갑자기 올라가 A가 사망하고 말았다.

(가) 인과관계에 관한 조건설에 의하면 甲의 행위와 A의 사망 사이에 인과관계가 인정되므로 甲은 폭행치사의 죄책을 진다.
(나) 합법칙적 조건설에 의하면 甲의 행위와 A의 사망 사이에 인과관계가 인정되지 않으므로 甲은 폭행치사의 죄책을 지지 않는다.
(다) 절충적 상당인과관계설에 의하면 甲의 행위와 A의 사망 사이에 인과관계가 인정되지 않으므로 甲은 폭행치사의 죄책을 지지 않는다.
(라) 주관적 상당인과관계설에 의하면 甲의 행위와 A의 사망 사이에 인과관계가 인정되지 않으므로 甲은 폭행치사의 죄책을 지지 않는다.
(마) 객관적 상당인과관계설에 의하면 甲의 행위와 A의 사망 사이에 인과관계가 인정되지 않으므로 甲은 폭행치사의 죄책을 지지 않는다.
(바) 객관적 귀속론에 의하면 甲의 행위와 A의 사망 사이에 인과관계가 인정되더라도 A의 사망을 甲의 폭행행위에 귀속시킬 수 없다면 甲은 폭행치사의 죄책을 지지 않는다.

① (가), (다), (라), (마), (바)　　② (가), (나), (다), (라), (마)
③ (가), (나), (다), (라), (바)　　④ (나), (다), (라), (마)
⑤ (나), (다), (라), (바)　　⑥ (다), (라), (마), (바)
⑦ (다), (라), (바)　　⑧ (라), (마), (바)

(가) (X) 조건설에 의해 인과관계가 인정된다고 하더라도 A의 사망에 대한 예견가능성이 있어야 甲이 폭행치사의 죄책을 질 수 있다.

(나) (X) 합법칙적 조건설에 의하면 甲의 폭행에 의해 고혈압환자인 A의 혈압이 올라 사망하였으므로 이는 경험법칙에 합하는 것이므로 甲의 행위와 A의 사망 사이에 인과관계가 인정된다.

(다) (O) A가 고혈압환자인 것을 甲이 몰랐고 일반인들도 알 수 없었기 때문에 절충적 상당인과관계설에 의하면 행위자가 알았거나 일반인이 알 수 있었던 사정은 A가 건강한 사람이라는 것이다. 건강한 사람의 따귀를 때렸을 때에 그가 사망할 개연성은 없기 때문에 상당인과관계설에 의하면 인과관계가 인정되지 않는다.

(라) (O) 행위 당시 甲이 인식한 사정은 A가 건강한 사람이었고 이를 기초로 상당인과관계를 판단하면 건강한 사람의 따귀를 때렸을 때에 그가 사망할 개연성은 없기 때문에 상당인과관계설에 의하면 인과관계가 인정되지 않는다.

(마) (X) 객관적 상당인과관계설은 행위 당시에 존재했던 모든 사정을 기초로 하여 상

당인과관계를 판단한다. 행위 당시에 甲이나 일반인은 몰랐어도 A는 심한 고혈압환자였고, 심한 고혈압환자의 따귀를 때리는 경우 그가 사망할 개연성이 있으므로 상당인과관계가 인정된다.

㈓ (O) 조건설이나 합법칙적 조건설에 의하면 인과관계가 인정되지만, 객관적 귀속론에 의하면 A의 사망은 甲이 예견하거나 지배가능성이 없었던 결과이므로 이를 甲의 행위에 귀속시킬 수 없고 따라서 甲은 폭행치사의 죄책을 지지 않는다.

정답 ⑦

14. 다음은 객관적 귀속론과 관련된 사례와 관련이론 그리고 객관적 귀속의 인정여부를 제시한 것이다. 그 연결이 잘못된 것만으로 묶인 것은? (다툼이 있는 경우에는 판례에 의함)

[사례]

1) 행위자가 폭탄으로 비행기를 추락시켰는데, 그 때 그 비행기는 기관고장으로 추락하지 않을 수 없었던 때
2) 머리에 치명적인 물건이 떨어지는 것을 피하도록 하기 위해 사람을 밀어 팔이 부러지거나 어깨에 떨어지도록 하여 부상을 입힌 경우
3) 소방관 甲이 화재진압을 위해 건물 내에 진입하여 어린애 乙을 발견하고 보니 불길 때문에 아이를 안고 나가다가는 불길과 연기에 의해 질식사할 것 같아 창문 밖으로 던져 중상을 입힌 경우
4) 甲이 乙을 살해하기 위하여 저격하였으나 乙이 병원으로 가던 도중 교통사고로 사망한 경우 또는 병원화재로 사망한 경우
5) 甲은 乙을 벼락 맞게 하여 죽일 목적으로 소나기가 내리고 천둥·번개가 치는 날에 들판으로 보냈는데 마침 벼락이 떨어져 乙이 사망한 경우
6) 재산상속을 받을 상속인 甲이 피상속인 乙을 살해하기 위해 안전도가 낮은 전세기를 타도록 하여 비행기추락으로 乙이 사망한 경우
7) 자동차 운전자가 금지규범(교통법규의 과속금지)에 위반하여 과속으로 추월하자 이에 놀란 상대방 운전자가 심장마비로 사망한 경우
8) 甲은 친구 乙이 혈우병 환자라는 사실을 알고 乙에게 부상을 입힌 결과 지혈이 되지 않아 乙이 사망하게 된 경우
9) 집주인 乙이 수퍼에 다녀오는 사이에 원한관계에 있던 甲이 乙의 집에 방화하자 乙이 가재도구를 꺼내려고 들어갔다가 불에 사망한 경우

[관련이론]

A. 위험실현이론　　　　B. 규범의 보호목적이론

C. 가설적 인과관계이론　　D. 위험감소이론
E. 지배가능성이론　　F. 예견가능성이론

[인정여부]
(1) 객관적 귀속 부정.　　(2) 객관적 귀속 인정.

(ㄱ) 1)-C-(2)　　(ㄴ) 2)-D-(1)　　(ㄷ) 3)-B-(1)
(ㄹ) 4)-A-(1)　　(ㅁ) 5)-E-(1)　　(ㅂ) 6)-A-(1)
(ㅅ) 7)-B-(1)　　(ㅇ) 8)-F-(2)　　(ㅈ) 9)-B-(2)

① (ㄱ)-(ㄴ)-(ㄹ)　　② (ㄱ)-(ㄷ)-(ㅂ)
③ (ㄴ)-(ㄷ)-(ㅁ)　　④ (ㄴ)-(ㄷ)-(ㅈ)
⑤ (ㄷ)-(ㅂ)-(ㅈ)　　⑥ (ㅁ)-(ㅂ)-(ㅇ)
⑦ (ㅂ)-(ㅇ)-(ㅈ)　　⑧ (ㅂ)-(ㅅ)-(ㅈ)

해설

1) 이는 가설적 대체원인이 자연현상인 경우인 가설적 인과관계의 문제로서, 폭탄으로 인한 사망에 대한 객관적 귀속이 인정된다.

2)와 3)은 각각 사망의 위험으로부터 부상으로 위험을 감소시켰으므로(위험감소이론) 행위자의 행위와 상해와의 인과관련성은 인정되나, 행위자의 행위로 결과를 귀속시키는 것은 합당하지 않아 객관적 귀속이 부정된다.

4) 행위자가 위험을 창출한 경우에도 결과가 그 위험의 실현으로 발생한 것이 아니라 우연에 의하여 발생한 때에는 행위자에게 결과가 귀속될 수 없다.

5) 일반적으로 甲에게 벼락이 떨어질 것이라는 예견가능성이 있다고 할 수 없을 것이며, 설령 예견가능하였다고 하더라도 객관적으로 보아 甲이 벼락을 지배·조종할 수 없으므로 객관적 귀속이 부정된다. 그리고 6)의 경우도 마찬가지이다.

7) 금지규범(교통법규)의 보호목적은 교통질서유지에 있는 것이지 추월로 인한 심장마비의 방지에 있는 것이 아니기 때문이다.

8) 일반적으로 상해에 대한 고의만을 가지고 상해를 입혔는데 결국 사망에 이르게 된 경우에 사망에 대한 예견가능성이 있으면 상해치사죄로서 처벌되어(결과적 가중범) 사망에 대한 객관적 귀속을 인정한다. 만약 乙이 혈우병환자라는 점을 甲이 처음부터 알고서 이를 이용하여 살해할 고의로 부상을 입혔다면 살인죄의 죄책을 질 수도 있다.

9) 살인죄 또는 방화치사죄의 구성요건이 이와 같은 경우까지 보호하고자 하는 목적으로 규정된 것이 아니므로(법규정의 보호범위 밖) 객관적 귀속이 부정된다.

정답 ⑤

15. 아래 〈사례〉를 합법칙적 조건설과 객관적 귀속이론에 의하여 판단할 때, ( )속의 결과를 甲의 행위에 귀속시킬 수 있는 사례와 귀속시킬 수 없는 사례를 옳게 구분한 것은? (제263조의 동시범 특례규정을 고려하지 말 것)

〈사례〉

ⓐ 甲과 乙은 의사연락 없이 독자적으로 설사를 유발하는 약을 A에게 먹였다. 그런데 甲과 乙이 각자 먹인 약은 설사를 일으키기에 부족한 양이었으나, 그 모두를 먹은 A는 심한 설사를 하였다.(상해)

ⓑ 甲과 乙은 의사연락 없이 독자적으로 A에게 상해의 고의 없이 폭행을 가하여 코뼈가 내려앉는 부상을 입혔으나, 누구의 폭행에 의하여 발생한 부상인지가 밝혀지지 않았다.(상해)

ⓒ 甲은 A의 어깨를 향하여 몽둥이를 내리쳤는데, A와 엉겨 붙어 싸우던 B의 팔을 가격하게 되어 B가 팔에 골절상을 입었다.(상해)

ⓓ 甲은 A를 살해하기 위하여 A가 집안에 있는 것으로 알고 집을 방화하였는데, 방화시에는 A가 이웃집에 있었다. "불이야!" 하는 소리에 놀라 밖으로 나온 A는 자기의 집에 불길이 솟는 것을 보고 장롱 속에 넣어둔 현금뭉치를 꺼내려고 들어갔다가 불에 타서 사망하였다.(사망)

ⓔ 甲은 살인의 고의로 A에게 총격을 가하였는데 허벅지를 관통하는 부상을 입혔다. A는 병원에서 입원치료 중에 병원의 화재를 피하여 창문을 통하여 탈출하려다가 추락하여 사망하였다.(사망)

ⓕ B가 A를 살해하기 위하여 치사량의 독약을 복용시켰는데, 독살되기 직전 甲이 A를 총살하였다.(사망)

	귀속 긍정 사례	귀속 부정 사례
①	ⓐ ⓑ ⓔ ⓕ	ⓒ ⓓ
②	ⓑ ⓒ ⓓ ⓔ	ⓐ ⓕ
③	ⓑ ⓒ ⓕ	ⓐ ⓓ ⓔ
④	ⓐ ⓒ ⓔ	ⓑ ⓓ ⓕ
⑤	ⓑ ⓓ	ⓐ ⓒ ⓔ ⓕ
⑥	ⓒ ⓕ	ⓐ ⓑ ⓓ ⓔ
⑦	ⓓ	ⓐ ⓑ ⓒ ⓔ ⓕ
⑧	ⓕ	ⓐ ⓑ ⓒ ⓓ ⓔ

해설

ⓐ [귀속 부정] 누적적(중첩적) 인과관계이다. 인과관계는 인정되나 객관적 귀속이 부정되어 상해결과를 甲의 행위에 귀속시킬 수 없다.

ⓑ [귀속 부정] 행위와 결과 사이에 인과관계가 판명되지 않은 경우로서, 결과를 甲의 행위에 귀속시킬 수 없다.

ⓒ [귀속 긍정] 동가치적 객체간의 방법의 착오에 해당하는 사례로서, 발생된 결과에 대한 고의 또는 과실의 책임귀속이 논란이 될 뿐, 행위와 결과간의 인과관계나 객관적 귀속이 인정됨은 의문이 없음.

ⓓ [귀속 부정] 인과관계는 인정되나 발생된 결과가 살인죄의 구성요건이나 방화치사죄의 구성요건을 통하여 보호하고자 하는 규범의 보호영역을 벗어난 것으로서 객관적 귀속이 부정된다.

ⓔ [귀속 부정] 소위 비유형적 인과과정을 통하여 발생한 결과는 인과관계는 인정되나 객관적 귀속이 부정된다.

ⓕ [귀속 긍정] 추월적 인과관계의 사례로서 결과는 甲의 행위에 귀속된다.

정답 ⑥

16. 다음은 사실의 착오에 대한 甲과 乙의 입장에 대한 설명이다. 甲과 乙의 입장에 대한 비판의 내용으로 ㄱ~ㅁ의 조합 중에서 옳은 것은?

- 甲의 입장에서는 행위자가 인식·의욕한 사실과 발생한 사실이 구체적인 부분까지 일치한 경우에만 발생한 사실의 고의기수범의 죄책을 인정할 수 있다.
- 乙의 입장에서는 행위자가 인식·의욕한 사실과 발생한 사실이 법률에 규정되어 있는 만큼 일치하는 경우에는 발생사실의 고의기수죄를 인정할 수 있다.

ㄱ. 객체의 착오와 방법의 착오를 달리 취급하는 이유가 분명하지 않다.
ㄴ. 행위자에게 발생사실에 대한 고의를 인정하기 어렵다.
ㄷ. 미수범이나 과실범의 처벌규정이 없는 범죄에서는 처벌할 수 없게 된다.
ㄹ. 발생사실에 대한 예견가능성이 전혀 없는 경우에도 고의를 인정하는 것은 부당하다.
ㅁ. A를 살해하고 B에게는 상처만을 입힌 경우, A에 대한 고의살인죄를 인정할 수 있지만 B에 대해서는 살인미수죄와 과실치상죄 중 어느 죄책을 인정해야 할지 불분명하다.
ㅂ. 착오를 인정하는 범위가 너무 좁아져 고의범의 처벌범위가 크게 줄어든다는 형사정책적 문제점이 제기된다.

	甲	乙
①	ㄴ	ㄷ
②	ㄱ	ㅁ
③	ㄹ	ㅁ

④ ㄱ ㄷ
⑤ ㅁ ㄱ
⑥ ㄴ ㅁ
⑦ ㅂ ㄷ
⑧ ㄷ ㅂ

해설

* 甲은 구체적 부합설의 입장이고 이에 대한 비판은 'ㄱ, ㄷ, ㅂ'이다.

* 乙은 법정적 부합설의 입장이고 이에 대한 비판은 'ㄴ, ㄹ, ㅁ'이다.

ㄱ. 구체적 부합설에 대한 비판이다. 객체의 착오와 방법의 착오 모두 주관과 객관의 불일치라는 점에서 동일함에도 불구하고, 동일한 구성요건 간의 착오에 있어서 객체의 착오에 대해서는 고의기수범을, 방법의 착오에 대해서는 과실범과 미수범의 상상적 경합을 인정할 특별한 이유가 없다는 비판이 있다.

ㄴ. 법정적 부합설에 대한 비판이다. A를 맞히려다 총알이 빗나가 B를 맞힌 행위자에게 A를 살해할 고의는 인정할 수 있지만, B를 살해할 고의를 인정하기는 어려운 문제점이 있다.

ㄷ. 구체적 부합설에 대한 비판이다. 예를 들어 아들 A를 유기하려고 그가 탄 유모차를 풀어놓는다는 것을 잘못하여 옆에 있던 딸 B가 타고 있던 유모차를 풀어놓은 경우 구체적 부합설에 따르면 행위자는 A의 유기미수죄와 과실에 의한 B의 유기죄의 상상적 경합범의 죄책을 지는데 유기미수죄와 과실유기죄를 벌하는 규정이 없으므로 행위자를 처벌할 수 없게 된다.

ㄹ. 법정적 부합설에 대한 비판이다. 예컨대, 甲이 인적이 전혀 없는 산 속 동굴에서 A를 살해하려고 총을 쏘았으나 빗나갔는데 마침 그 안에 B가 들어와 있어 사망한 경우까지 B에 대한 고의살인죄를 인정한다면 부당하다.

ㅁ. 법정적 부합설에 대한 비판이다.

ㅂ. 구체적 부합설에 대한 비판이다.

정답 ②

17. 살인의 고의로 A를 향하여 총을 발사한 甲의 형사책임에 관한 설명 중 옳지 않은 것은?

① A를 향하여 총을 발사하였으나 실은 B가 맞아 사망한 경우 - 구체적 부합설과 법정적 부합설 모두 B에 대한 살인죄의 기수범만을 인정한다.

② A도 사망하고 뒤 따라 오던 B도 사망한 경우 - 구체적 부합설과 법정적 부합설 모두 A에 대한 살인죄와 B에 대한 과실치사죄의 상상적 경합을 인정한다.

③ A는 사망하고 뒤 따라 오던 B는 상해를 입은 경우 - 구체적 부합설과 법정적 부합설 모두 A에 대한 살인죄와 B에 대한 과실치상죄의 상상적 경합을 인정한다.

④ A에게 상해를 입히고 뒤 따라 오던 B가 사망한 경우 - 구체적 부합설에 의하면 A에 대한 살인죄의 미수와 B에 대한 과실치사죄의 상상적 경합이 인정된다.

⑤ A에게 상해를 입히고 뒤 따라 오던 B가 사망한 경우 - 법정적 부합설에 의하면 B에 대한 살안죄의 기수범이 성립한다는데 견해가 일치한다.

⑥ A를 향하여 발사된 총알이 빗나가서 옆에 있던 B가 사망한 경우 - 법정적 부합설과 추상적 부합설 모두 B에 대한 살인죄의 기수범이 성립한다는데 견해가 일치한다.

⑦ A를 향하여 발사된 총알이 빗나가서 A의 개가 죽은 경우 - 구체적 부합설과 법정적 부합설 모두 A에 대한 살인죄의 미수범이 성립한다는데 견해가 일치한다.

⑧ A를 향하여 발사된 총알이 빗나가서 A의 개가 죽은 경우 - 추상적 부합설에 의하면 결론적으로 A에 대한 살인죄의 미수범으로 처벌된다.

해설

① (O) 구체적 사실의 착오 중 객체의 착오이므로 구체적 부합설과 법정적 부합설 모두 발생사실에 대한 고의 기수를 인정한다.

② (O) 예상외의 사실이 병발한 경우이다. A에게 발사한 탄환이 A와 B를 관통하여 양자가 사망한 경우 구체적 부합설과 법정적 부합설 모두 A에 대한 살인죄와 B에 대한 과실치사죄의 상상적 경합을 인정한다.

③ (O) 예상외의 사실이 병발한 경우이다. A에게 발사한 탄환이 A를 관통·살해한 후 B에게 상해를 입힌 경우 구체적 부합설과 법정적 부합설 모두 A에 대한 살인죄와 B에 대한 과실치상죄의 상상적 경합을 인정한다.

④ (O) 예상외의 사실이 병발한 경우이다. A에게 발사한 탄환이 A에게 상해를 입히고 B를 사망케 한 경우 구체적 부합설은 A에 대한 살인미수죄와 B에 대한 과실치사죄의 상상적 경합을 인정한다.

⑤ (X) 예상외의 사실이 병발한 경우이다. A에게 발사한 탄환이 A에게 상해를 입히고 B를 사망케 한 경우 법정적 부합설에는 (1) B에 대한 살인죄의 기수범이 성립한다는 견해, (2) A에 대한 살인 미수와 B에 대한 살인 기수의 상상적 경합이라는 견해, (3) A에 대한 과실치상과 B에 대한 살인 기수의 상상적 경합이라는 견해, (4) A에 대한 살인 미수와 B에 대한 과실치사죄의 상상적 경합이라는 견해 등이 대립하고 있다(이재상, 형법총론, 제6판, 2008년, 177면 참조).

⑥ (O) 구체적 사실의 착오 중 방법의 착오이므로 법정적 부합설과 추상적 부합설

모두 발생사실에 대한 고의 기수를 인정한다.

⑦ (O) 추상적 사실의 착오 중 방법의 착오이므로 구체적 부합설과 법정적 부합설 모두 A에 대한 살인죄의 미수범과 개에 대한 과실손괴죄의 상상적 경합을 인정하지만 과실손괴는 처벌규정이 없으므로 결국 A에 대한 살인죄의 미수범만 성립한다.

⑧ (O) 중한 죄의 고의로 경한 사실을 실현한 경우에 대해서는 중한 죄의 미수와 경한 죄의 기수의 상상적 경합이 성립한다는 견해와 중죄의 고의는 경죄의 고의를 흡수하므로 두 죄의 경합은 성립하지 않고 중죄미수만 성립한다는 견해가 있다. 전자에 따른다 하더라도 살인미수와 손괴기수의 상상적 경합이 성립하지만 중한 살인미수로 처벌되므로 옳은 지문이다.

정답 ⑤

18. 형법 교수가 내어준 다음 [사례]를 풀기 위하여 학생들이 [보기]와 같이 토론하고 있다. 옳은 주장을 하고 있는 학생들을 모두 고른 것은?

[사례]

甲男은 A女를 알게 된 후 자신과 동거하던 乙女와 헤어질 것을 궁리하다가, 乙을 살해한 뒤에 A와 외국으로 이민을 가기로 작정하였다.
어느 날 甲은 乙을 살해하기 위하여 몽둥이로 내려쳤으나, 乙은 생명에는 지장없이 의식만 잃었다. 그러나 甲은 乙이 사망한 것으로 오인하고 실족사로 가장하기 위해 乙을 낭떠러지로 밀어버렸다. 하지만 乙은 낭떠러지로 떨어지면서 바위에 머리가 부딪쳐 사망하였다. 한편 숲속에 쓰러져 있는 乙을 발견한 丙男은 乙이 강도를 당해 실신한 것으로 오인하고 간음한 후 도주하였다.

[보기]

현정 : 위 사례와 같은 인과과정의 상위를 비본질적이라고 보는 입장에 의하면 甲에게는 살인기수죄가 인정된다.

혜미 : 甲이 乙을 낭떠러지로 밀어버릴 때 이미 사망한 것으로 오인하였다는 점에서 甲에게는 살인죄의 불능미수와 과실치사죄의 경합범이 성립된다.

영준 : 甲이 乙을 낭떠러지로 밀어버릴 때 비록 생존하고 있었다 하더라도 개괄적 고의 이론에 의하면 甲에게는 살인기수죄가 인정된다.

창수 : 丙이 乙을 살아 있는 사람으로 오인한 부분에서는 법정적 부합설을 따를 것인지 구체적 부합설을 따를 것인지에 따라 丙의 죄책이 달라진다.

① 현정 ② 영준 ③ 현정, 영준
④ 혜미, 창수 ⑤ 현정, 혜미, 영준 ⑥ 현정, 영준, 창수

해설

* 행위자가 첫 번째의 행위에 의하여 이미 결과가 발생했다고 믿었으나 실제로는 연속된 두 번째의 행위에 의하여 결과가 야기된 사례군을 개괄적 고의라고 한다. 이러한 경우가 한 개의 고의기수범인가, 아니면 제1행위에 대한 미수와 제2행위에 대한 과실의 실체적 경합범인가가 문제된다.

현정 (O) 인과관계착오설(다수설)은 개괄적 고의를 인과관계의 착오의 한 형태로 보고 , 결과발생의 결정적 원인은 고의가 존재하는 제1행위이고, 인과과정의 상위는 비본질적이기 때문에 발생한 결과의 고의기수범이 성립한다고 한다. 甲에게는 살인죄의 기수가 인정된다.

혜미 (X) 미수와 과실의 경합범설은 제1행위에 대해서 장애미수를 인정하고, 제2행위시에는 고의가 없었으므로 경우에 따라서 제2행위의 과실과의 실체적 경합을 인정한다.

영준 (O) 개괄적 고의설은 제1행위의 고의가 제2행위부분에 대해서도 개괄적으로 미치는 단일사건이므로 하나의 고의기수범이 성립한다고 한다.

창수 (X) 사자를 살아 있는 자로 오인한 부분은 추상적 사실의 착오에 해당하므로 법정적 부합설이든 구체적 부합설이든 丙의 죄책은 동일하다.

19. 다음 [사례]를 풀기 위하여 학생 A, B, C, D, E가 [보기]와 같이 토론하고 있다. 옳은 주장을 하고 있는 학생들을 모두 고른 것은?

[사례]
甲男은 A女를 알게 된 후 자신과 동거하던 乙女와 헤어질 것을 궁리하다가, 乙을 살해한 뒤에 A와 외국으로 이민을 가기로 작정하였다. 어느 날 甲은 乙을 살해하기 위하여 등산을 하자고 권유하여 같이 등산을 하던 중 인적이 없는 곳에 이르러 몽둥이로 내려쳤으나, 乙은 생명에는 지장 없이 의식만 잃었다. 그러나 甲은 乙이 사망한 것으로 오인하고 실족사로 가장하기 위해 乙을 낭떠러지로 밀어버렸다. 하지만 乙은 낭떠러지로 떨어지면서 바위에 머리가 부딪쳐 사망하였다. 한편 숲속에 쓰러져 있는 乙을 발견한 丙男은 乙이 강도를 당해 실신한 것으로 오인하고 간음한 후 도주하였다.

[보기]
A : 판례의 입장에 따르면 甲에게는 살인기수죄가 인정된다.
B : 객관적 귀속론으로 해결하려는 견해는 결과의 객관적 행위귀속과 결과의 주관적 고의귀속을 혼동하고 있다는 비판을 피하기 어려울 것이다.
C : 인과과정의 착오의 한 유형으로 해결하려는 견해는 甲이 행한 제1행위(가격행위)와 제2행위(밀어 떨어뜨린 행위)가 결합하여 이루어지는 것이 이례적인

특수한 경우에 해당한다고 판단되는 경우 甲에게 살인죄의 고의기수범을 인정한다.

D : 丙이 乙을 살아 있는 사람으로 오인한 부분에서는 법정적 부합설을 따를 것인지 구체적 부합설을 따를 것인지에 따라 준강간죄에 관한 丙의 죄책이 달라진다.

E : 만약 등산 도중 甲의 태도를 수상하게 여긴 乙이 하산을 종용하여 甲이 뜻을 이루지 못하고 다음 기회로 미룬 채 하산하였다면, 중지의 자의성을 인정할 수 없으므로 살인죄의 장애미수범이 성립할 것이다.

① B　　② A, B
③ C, D　　④ A, B, C
⑤ A, C, D　　⑥ B, C, D
⑦ C, D, E　　⑧ B, C, D, E

A. (O) 판례는 이 사례와 같은 소위 개괄적 고의사례에서 발생된 결과에 대한 고의기수범을 인정한다.

[大判 1988. 6. 28, 88도650] 피해자가 피고인들의 살해의 의도로 행한 구타행위에 의하여 직접 사망한 것이 아니라 죄적을 인멸할 목적으로 행한 매장행위에 의하여 사망하게 되었다 하더라도 전 과정을 개괄적으로 보면 피해자의 살해라는 처음에 예견된 사실이 결국은 실현된 것으로서 피고인들은 살인죄의 죄책을 면할 수 없다.

B. (O) 개괄적 고의사례를 객관적 귀속론으로 해결하려는 견해에 대한 대표적인 비판에 해당한다.

C. (X) 이례적인 특수한 경우가 아니라, 일반적으로 예상할 수 있는 경우라고 인정될 때, 발생된 결과에 대하여 고의기수범을 인정한다.

D. (X) 丙의 착오는 추상적 사실의 착오 중 객체의 착오에 해당된다. 이에 대해서는 구체적 부합설과 법정적 부합설은 동일하게 인식사실에 대한 불능미수와 발행사실에 대한 과실범의 상상적 경합을 인정한다. 따라서 사례에서 丙에게는 인식사실인 준강간죄의 불능미수와 발생사실인 과실사체오욕죄의 상상적 경합이 성립되지만, 사체오욕죄는 과실범 처벌규정이 없으므로 준강간죄의 불능미수만 성립한다.

E. (X) 산행 중 살해하기 위하여 등산을 권유하여 등산을 시작하였다는 것만으로는 실행의 착수를 인정할 수 없으므로 종류를 불문하고 살인죄의 미수범 자체가 성립하지 않는다.

정답 ②

20. 다음은 위법성의 이론에 관한 설명이다. 옳은 것을 모두 묶은 것은?

㉠ 형식적 위법성론에 의하면 위법성은 구성요건충족과 같은 의미를 가진다.
㉡ 실질적 의미에서 위법하다고 하여 항상 처벌되는 것은 아니다.
㉢ 객관적 위법성론에 의하면 주관적 정당화요소를 필요로 하지 않는다.
㉣ 주관적 위법성론에 의하면 책임무능력자의 행위에 대하여는 정당방위가 불가능하다.
㉤ 위법성판단의 기준은 실정법규 뿐만 아니라 초실정법적인 원리에까지 미치는데 우리 형법은 이와 관련된 규정을 갖고 있다.
㉥ 불법의 핵심이 행위반가치에 있다는 주장은 위법성조각사유의 일반원리에 관하여 법익형량설을 취하고 있다.

① ㉠　　② ㉠ ㉡
③ ㉠ ㉡ ㉢　　④ ㉠ ㉡ ㉢ ㉤
⑤ ㉠ ㉡ ㉣ ㉤　　⑥ ㉠ ㉡ ㉢ ㉣ ㉤ ㉥
⑦ ㉠ ㉡ ㉥　　⑧ ㉡ ㉢

㉠ (O) 형식적 위법성론은 위법성의 본질이 법규범에 규정된 작위 또는 부작위의무의 침해에 있다고 보는 견해이다. 따라서 형식적 위법성론은 위법성평가의 기준을 형식적인 법률의 규정(실정법) 그 자체에 두고, 이에 위반하면 위법이라고 평가한다.

㉡ (O) 죄형법정주의에 반하기 때문이다.

㉢ (X) 객관적 위법성론은 위법성을 객관적인 평가규범으로서의 법규범에 위반되는 것으로 이해하는 입장이지만, 평가대상에 객관적인 요소만을 고려하는 것은 아니다.

㉣ (O) 주관적 위법성론은 '법규범은 인간의 의사에 대한 금지 · 명령'이라는 Thon의 명령설을 기초로 하여, 위법성을 주관적 의사결정규범에 대한 위반으로 이해한다. 따라서 법규범의 금지 · 명령을 이해할 수 있는 자(즉 책임능력자)만 규범의 수명자이므로 이러한 사람에 대해서만 규범명령의 위반이 위법으로 된다고 한다. 따라서 책임무능력자는 규범의 수명자가 될 수 없고 위법하게 행위할 수도 없다. 그러므로 책임무능력자의 행위에 대해서는 정당방위는 불가능하고 긴급피난만 가능하다.

㉤ (O) 위법성판단의 기준은 실정법규 뿐만 아니라 초실정법적인 원리에까지 미치는데 우리 형법은 이와 관련한 규정을 갖고 있다는 설명은 형법 제20조의 '기타 사회상규에 위배되지 아니하는 행위'를 지적한 것이다.

㉥ (X) 법익형량설은 불법의 핵심이 결과반가치에 있다는 입장에서 주장된다. 행위반가치론에서는 행위의 수행방법 자체가 위법성의 핵심이므로, 위법성조각사유의 일반원리를 사회상당성에서 찾는다.

정답 ⑤

21. 위법성론에 관한 설명 중 옳은 것을 모두 모은 것은?

가. 실질적 위법성론에 의하면 책임무능력자에 대한 정당방위는 불가능하다.
나. 형식적 위법성론에 의하면 위법성은 구성요건의 충족과 같은 의미를 지닌다.
다. 주관적 위법성론에 의하면 형법은 행위에 대한 의사결정규범으로 이해한다.
라. 객관적 위법성론에 의하면 위법성은 객관적 평가규범에 대한 위반이라고 한다.
마. 객관적 위법성론에 의하면 위법성조각사유의 인정에 있어서 주관적 정당화요소는 필요로 하지 않는다.
바. 주관적 위법성론은 주관주의 형법이론에서, 객관적 위법성론은 객관주의형법이론에서 각각 주장되었다.

① 가, 나, 다, 라, 마　② 가, 나, 라, 바
③ 가, 다, 마　④ 가, 마, 바
⑤ 나, 다, 라　⑥ 나, 라, 바
⑦ 다, 라, 마　⑧ 라, 마

해설

가. (X) 위법성 평가방법에 관한 주관적 위법성론의 내용이다. 이에 의하면 책임무능력자는 규범의 수명자가 될 수 없기 때문에 위법하게 행동할 수 없고 따라서 정당방위가 불가능하다.

나. (O) 형식적 위법성론은 위법성의 본질이 법규범에 규정된 작위 또는 부작위의무의 침해에 있다고 보는 견해이다. 따라서 형식적 위법성론은 위법성평가의 기준을 형식적인 법률의 규정(실정법) 그 자체에 두고, 이에 위반하면 위법이라고 평가한다.

다. (O) 주관적 위법성론은 위법성이란 개인의 의사에 직접 영향을 미치기 위한 명령의 형태로 나타나는 주관적인 의사결정규범에 대한 위반을 의미한다는 견해이다. 따라서 주관적 위법성론에 의하면 법규범은 일차적으로 법적으로 무가치한 행위를 의사결정해서는 안된다는 명령의 형태로 나타나는 의사결정규범이다.

라. (O) 객관적 위법성론은 위법성이란 객관적인 평가규범에 대한 위반을 의미한다는 견해이다.

마. (X) 객관적 위법성론에 의하더라도 반드시 위법성조각사유의 인정에 주관적 정당화요소불요설을 취하는 것은 아니다. 오늘날 객관적 위법성론은 그 판단의 기준이 객관적이라는 것을 의미하는 것이지 판단의 대상에 대한 객관적임을 요구하는 것은 아니다.

바. (X) 주관적 위법성론과 객관적 위법성론의 대립은 형법규범의 성질에 대한 이해에서 출발하여 불법이 책임을 전제로 하는가에 관한 문제이므로 주관주의 형법이론과 객관주의 형법이론의 대립과 직접적인 관련이 없다.

정답 ⑤

22. 피해자의 승낙에 대해 甲과 乙이 대화를 하고 있다. ( ) 안에 아래의 ㉠~㉦의 사례 중 적절한 것을 골라 넣을 경우 ( ) 안에 들어가는 사례를 순서대로 올바르게 나열한 것은?

〈대화〉

甲 : 일반적으로 피해자의 승낙은 위법성을 조각하지만 피해자의 승낙이 언제나 위법성을 조각하는 것은 아니지.

乙 : 일반적으로 (1)라는 경우에는 구성요건해당성을 조각하고, 또 (2)라는 경우에는 위법성조각의 문제가 아니라 불법감소의 문제가 되지.

甲 : 그러면 (3)라는 경우에는 위법성이 조각되는 걸까?

乙 : 아니지. 그 죄의 주된 보호법익은 국가적 법익이므로 그렇게 될 수는 없지.

甲 : 아, 그렇군. 그러면 (4)라는 경우에는 위법성이 조각되는 것일까?

乙 : 일반적으로는 그렇다고 할 수 있지만 (5)라는 경우처럼 승낙에 의한 행위가 사회상규에 반할 경우에는 위법성을 조각할 수 없지.

甲 : 그런데 (6)라는 경우에는 종래의 통설과 판례는 피해자의 승낙의 문제로 이해하지 않고 정당행위의 문제로 이해해 왔지.

乙 : 그래. 한편으로 피해자의 동의가 전혀 의미 없는 경우도 있군. (7)라는 경우가 그에 해당하는 예가 되지.

〈사례〉

㉠ X는 Y의 승낙을 얻어 Y를 살해하였다.
㉡ X는 Y의 승낙을 얻어 Y를 무고하였다.
㉢ X는 11세의 여아 Y의 승낙을 얻어 간음행위를 하였다.
㉣ X는 Y의 승낙을 얻어 Y의 신체를 상해하였다.
㉤ X는 Y의 승낙을 얻어 Y의 집에 침입하였다.
㉥ X는 보험금사기의 목적으로 Y의 승낙을 얻어 Y를 차로 치어 중상을 입혔다.
㉦ 의사 X는 환자 Y의 승낙을 얻어 심장수술을 하였다.

① ㉤-㉡-㉣-㉥-㉦-㉠-㉢
② ㉤-㉢-㉠-㉡-㉣-㉥-㉦
③ ㉤-㉠-㉥-㉡-㉣-㉦-㉢
④ ㉦-㉠-㉥-㉡-㉣-㉤-㉢
⑤ ㉠-㉡-㉣-㉤-㉥-㉦-㉢
⑥ ㉢-㉡-㉣-㉥-㉦-㉠-㉤
⑦ ㉤-㉠-㉥-㉣-㉡-㉦-㉢
⑧ ㉤-㉠-㉡-㉣-㉥-㉦-㉢

해설

※ 본문은 소위 피해자의 동의의 의미를 묻는 문제이다. 피해자의 동의에는 (1) 구성요건해당성을 조각하는 경우(양해), (2) 승낙이 범죄성립에 영향이 없는 경우, (3) 승낙이 불법감경사유가 되는 경우, (4) 승낙이 위법성조각사유가 되는 경우의 4가지 유형이 있다. 본문 대화 중의 ( )에는 순서대로 ㉤-㉠-㉡-㉣-㉥-㉦-㉢이 들어가고 따라서 정답은 ⑧이 된다.

정답 ⑧

23. 다음은 위법성조각사유에 대한 설명이다. 옳은 경우를 모두 묶은 것은? (다툼이 있는 경우에는 판례에 의함)

ㄱ. 자구행위가 성립하기 위한 요건으로 청구권에 대한 침해의 불법을 요구하지 않는다.
ㄴ. 생명과 생명간의 긴급피난은 정당화적 긴급피난이 될 수 없다.
ㄷ. 부작위도 정당방위의 전제인 공격행위가 될 수 있다.
ㄹ. 정당방위의사에는 증오나 분노 등과 같은 다른 주관적 동기가 개입되어서는 안 되며 만약 이러한 동기가 개입된 경우에는 방위의사가 부정된다.
ㅁ. 피해자의 승낙은 법익침해 이전에 표시되어야 하지만 예외적으로 사후승낙이 있는 경우에도 위법성이 조각될 수 있다.
ㅂ. 실행에 착수하지 않은 행위의 경우에도 침해가 임박한 상태에 있으면 정당방위를 할 수 있다.
ㅅ. 피고인이 피해자에게 밍크 45마리에 관하여 자기에게 그 권리가 있다고 주장하면서 이를 가져간 데 대하여 피해자의 묵시적인 동의가 있었는데, 후에 피고인의 주장이 허위임이 밝혀졌다면 피고인의 행위는 절도죄가 된다.
ㅇ. 여러 개의 부작위의무가 충돌하는 경우도 의무의 충돌에 해당한다.

① ㄴ, ㅂ
② ㄴ, ㄷ
③ ㄴ, ㄷ, ㅁ, ㅂ
④ ㄴ, ㄷ, ㅁ, ㅂ, ㅅ
⑤ ㄱ, ㄹ, ㅁ, ㅅ, ㅇ
⑥ ㄱ, ㄷ
⑦ ㄴ, ㄷ, ㅂ
⑧ ㄱ, ㄴ, ㄷ, ㅁ, ㅇ

해설

ㄱ. (X) 자구행위는 침해된 권리를 보전하기 위한 행위이므로 청구권에 대한 불법한 침해가 존재하여야 한다.

ㄴ. (O) 생명은 최고의 법익이며 양적, 질적 비교가 불가능하다. 그러므로 위법성은 조각되지 않으며 다만 면책적 긴급피난이 가능할 뿐이다.

ㄷ. (O) 부작위도 일정한 작위의무가 존재하고 있는 한 작위와 동가치성을 가질 수 있으며 공격행위에 해당할 수 있다. 예컨대 어머니가 젖먹이에게 수유하지 않는다면 어머니의 부작위는 젖먹이의 생명에 대한 공격행위가 될 수 있다.

ㄹ. (X) 방위의사는 방위행위에 나아가게 된 유일한 동기일 필요는 없으며 방위의사가 존재하는 한 증오나 분노 등과 같은 다른 주관적 동기가 개입하더라도 상관이 없다.

ㅁ. (X) 승낙은 행위 전이나 행위 초에 있을 것을 요하며, 사후승낙은 위법성을 조각할 수 없다. 한편 승낙은 원칙적으로 자유롭게 철회할 수 있으나 철회 전의 행위에 대해서는 영향이 없다.

ㅂ. (O) 침해의 착수 직전의 단계에 대해서도 침해의 현재성을 인정할 수 있다.

ㅅ. (X) [大判 1990. 8. 10, 90도1211] 피고인이 피해자에게 이 사건 밍크 45마리에 관하여. 자기에게 그 권리가 있다고 주장하면서 이를 가져간 데 대하여 피해자의 묵시적인 동의가 있었다면 피고인의 주장이 후에 허위임이 밝혀졌더라도 피고인의 행위는 절도죄의 절취행위에는 해당하지 않는다.

ㅇ. (X) 부작위의무와 부작위의무가 충돌하는 경우에 행위자는 둘 이상의 부작위의무를 동시에 이행할 수 있으므로 이 경우는 의무의 충돌이 아니다.

정답 ⑦

24. 책임의 본질 및 근거에 관한 다음 설명 중 타당한 것으로 연결된 것은?

1) 심리적 책임론은 범죄의 객관적 요소는 위법성에 속하고 주관적 요소는 책임에 속한다고 하는 인과적 행위론의 입장에서 주장되었으므로 주관적 요소인 고의·과실이라는 심리적 상태가 책임의 본질이라고 하는 존재론적 관점에서의 책임론이다.
2) 책임을 사회방위라는 형법기능과 연계하여 고찰해야 하며, 따라서 책임은 예방의 필요성을 한계로 하고, 예방의 필요성은 책임형벌을 제한한다는 입장은 규범적 책임론이다.
3) 규범적 책임론은 책임을 평가적 가치관계로 파악하므로 책임은 평가 그 자체이지 평가의 대상인 고의·과실이라는 사실 그 자체가 아니라는 입장이다.
4) 심리적 책임론에 의한다면 인식 없는 과실은 책임을 부정해야 한다는 잘못이 있다.

5) 우리 형법상 강요된 행위, 과잉방위는 책임이 조각되거나 감경되나, 원인에 있어서 자유로운 행위는 그러하지 아니하다.
6) 심리적 책임론은 강요된 행위에 있어서 고의를 가지고 행위하는 피강요자의 책임조각의 이유를 설명하기 곤란하다.
7) 심리적 책임론은 책임을 행위자의 심리적 사실 그 자체에 대한 규범적 평가로 이해하여 책임의 본질을 비난가능성으로 파악한다.
8) 규범적 책임론은 책임을 규범적 요구가능성의 관점에서 "적법행위의 요구가 정신적 · 심리적으로 가능했는가"를 경험적으로 판단해야 한다고 보고, 심리적 책임론은 책임개념을 "다르게 행동할 수 있었는가"라는 관점에서 이해한다.

① 1)-2)-3)-4)-5) ② 1)-3)-4)-5)-6)
③ 3)-4)-5)-6)-7) ④ 1)-3)-5)-6)-8)
⑤ 2)-4)-6)-7)-8)

해설

1) (O) 심리적 책임론은 책임은 고의 · 과실이라는 심리적 사실의 존재유무 문제로 파악하였으므로 존재론적 입장이다.

2) (X) 책임과 형벌은 일반예방적 · 기능적이어야 한다는 기능적 책임론의 입장이다.

3) (O) 규범적 책임론은 객체(고의, 과실)에 대한 평가인 책임과 평가의 대상인 객체 그 자체(고의, 과실)는 다르다는 전제하에서, 책임은 전적으로 규범적 관점에서의 평가문제로 파악하고 있다.

4) (O) 인식 없는 과실은 심리적 사실인 결과발생에 대한 인식자체가 존재하지 않기 때문이다.

5) (O) 과잉방위는 책임감면사유이고(형법 제21조), 강요된 행위는 기대불가능성을 이유로 하는 책임조각사유이다(형법 제12조). 형법은 원인에 있어서 자유로운 행위에는 심신상실, 심신미약의 규정을 적용하지 아니하므로 행위자에 대해 책임이 조각(심실상실) 내지 감경(심신미약)되지 아니하고 행위자를 책임능력자로 취급하여 처벌하고 있다(형법 제10조 참조).

6) (O) 심리적 책임론은 결과에 대해 행위자의 심리적 사실관계인 고의 또는 과실만 있으면 책임을 인정하므로, 고의 또는 과실은 인정되지만 적법행위에 대한 기대가 불가능하기 때문에 처벌할 수 없는 경우를 설명할 수 없게 된다. 여기서 기대가능성이론을 핵심개념으로 하여 책임을 비난가능성으로 이해하는 규범적 책임론이 전개되었다.

7) (X) 심리적 책임론은 책임의 본질을 고의 · 과실이라는 심리적 사실관계로 파악하는 것이지 그에 대한 규범적 평가로서의 비난가능성으로 파악하지 아니한다.

8) (X) 책임개념을 "다르게 행동할 수 있었는가"라는 관점에서 이해하는 것은 규범적 책임론이다.

정답 ②

25. 책임론에 관한 다음 기술 중 옳지 않은 것을 모두 고른 것은?

ㄱ. 기능적 책임론에 대해서는, 형벌목적의 고려는 형벌론에서 충분히 이루어 질 수 있으므로 이를 책임판단에서 검토할 특별한 이유가 없다는 비판이 제기된다.
ㄴ. 심리적 책임론에 대해서는, 강요된 행위의 경우 책임을 조각시키거나 배제시키는 것에 대한 설득력 있는 해결을 할 수 없다는 비판이 제기된다.
ㄷ. 사회적 책임론에 대해서는, 타행위가능성은 사회에 필요한 허구라는 비판이 제기된다.
ㄹ. 순수한 규범적 책임론에 대해서는, 책임평가의 대상과 그 대상의 평가를 일치시킨다는 점에서 체계 모순에 빠져 있다는 비판이 제기된다.

① ㄴ ② ㄷ ③ ㄱ, ㄴ ④ ㄴ, ㄷ
⑤ ㄷ, ㄹ ⑥ ㄱ, ㄴ, ㄷ ⑦ ㄴ, ㄷ, ㄹ

해설

ㄱ. (O) 기능적 책임론은 책임을 형벌목적을 달성하기 위한 수단으로 파악한다. 기능적 책임론에 대해서는, 형벌목적의 고려는 형벌론에서 충분히 이루어 질 수 있으므로 이를 책임판단에서 검토할 특별한 이유가 없다는 비판이 제기된다.

ㄴ. (O) 심리적 책임론은 책임의 실체를 결과에 대한 행위자의 심리적 관계로 이해하여, 심리적 사실인 고의·과실만 있으면 책임이 있고, 그 어느 것도 없으면 책임도 없다는 견해이다. 심리적 책임론에 대해서는, 강요된 행위의 경우 책임을 조각시키거나 배제시키는 것에 대한 설득력 있는 해결을 할 수 없다는 비판이 제기된다.

ㄷ. (X) 타행위가능성이 사회에 필요한 허구라는 비판을 받는 것은 규범적 책임론이다(배종대, 형법총론, 421~423).

ㄹ. (X) 순수한 규범적 책임론은 책임평가에서 고의·과실을 제거함으로써 책임판단은 그대상을 상실하여 책임개념의 공허화를 초래한다는 비판을 받는다. 책임판단의 대상과 대상의 평가를 일치시킨다는 비판은 복합적 책임개념에 대한 비판이다.

정답 ⑤

26. 원인에 있어서 자유로운 행위(살해의 의도로 술을 마신 후 잠들어 버려 총을 쏘지 못한 경우)에 있어서 가벌성의 근거와 실행의 착수시기 등에 관한 다음의 논의가 타당하게 연결된 것은?

〈제1군 : 학설명〉
A설 : 원인설정행위에 책임의 근거를 구하는 견해
B설 : 원인행위와 실행행위의 불가분의 관련에서 책임근거를 구하는 견해
C설 : 책임능력 결함상태에서의 실행행위에 책임의 근거를 인정하는 견해

〈제2군 : 명칭 및 내용〉

가. 이를 일명 책임능력과 행위의 동시존재원칙의 예외모델이라 한다.

나. 이를 일명 구성요건모델 또는 간접정범유추설이라 한다.

다. 이를 일명 구성요건행위시설 또는 실행행위시설이라 한다.

라. 이 설에서는 위 사례의 경우에 행위자는 살인미수로 처벌된다.

마. 이 설에서는 위 사례의 경우를 살인미수가 아닌 살인예비에 불과하다고 한다.

바. 이 설에서는 행위와 책임의 동시존재의 원칙은 반드시 엄격하게 적용되어야 하는 것은 아니며, 따라서 원인에 있어서 자유로운 행위는 이 원칙에 대한 예외로 인정되어야 한다고 한다.

사. 이 설에 의하면 행위와 책임의 동시존재의 원칙을 확실하게 유지할 수 있다.

아. 이 설에서는 원인에 있어서 자유로운 행위를 자신을 도구로 이용하는 간접정범으로 보아 실행의 착수시기를 파악하는 입장이다.

자. 이 설에서는 심리학상 반무의식상태의 존재를 근거로 원인행위는 예비단계에 불과하고, 이로부터 실행행위단계로 돌입하는 것이 반무의식상태에서 행하여진다는 것을 전제로 하고 있다.

〈제3군 : 비판내용〉

Ⅰ. 이 설에 의하면 행위시에 책임능력이 있어야 한다는 책임원칙의 예외를 인정함으로써 안게 되는 법치국가적 부담이 문제될 수 있다.

Ⅱ. 이 설에 의하면 이론적으로 책임원칙을 손상시키지 않고 원인에 있어서 자유로운 행위를 설명할 수 있는 장점이 있는 것처럼 보이지만, 실제로는 책임원칙의 고수라는 이론적인 법치국가적 장점이 오히려 광범위한 책임인정이라는 반법치국가적 현실로 귀결되는 모순이 있다.

Ⅲ. 이 설에 의하면 실행행위는 구성요건적 정형성을 갖추었다고 볼 수 없으며, 가벌성의 범위가 지나치게 확대된다는 결함을 지니게 된다.

① A-나-라-바-아-Ⅰ
② A-가-라-사-아-Ⅲ
③ B-다-마-바-Ⅰ
④ B-가-마-바-Ⅰ
⑤ C-다-마-자-Ⅲ
⑥ C-나-마-아-자-Ⅱ
⑦ A-다-마-자-Ⅱ
⑧ C-나-라-사-Ⅲ

해설

A-나, 라, 사, 아-Ⅲ

B-가, 마, 바-Ⅰ

C-다, 마, 자-Ⅱ

※ 라.의 내용 - A설의 입장으로서, 이 설에서는 술 마실 때 즉 원인행위시에 실행착수를 인정하기 때문에 미수가 성립하게 된다.

※ Ⅱ의 비판 - 반무의식상태설은 현실적으로 반무의식상태의 존재를 전제로 하므로 사실상 대부분의 원인에 있어서 자유로운 행위에 대해 책임능력을 인정하는 결과가 된다.

정답 ④

27. 다음 〈사례〉에 대하여 원인에 있어서 자유로운 행위와 관련된 견해〈보기〉가 있다. 〈보기〉의 견해에 의할 때 〈사례〉의 결론으로 옳지 않은 것은?

〈사례〉
甲은 평소 원수관계에 있는 乙을 살해하고자 하였으나 맨정신으로는 실행할 용기가 나지 않아 만취된 상태에서 범행을 실행할 계획을 세웠다. 그 이후 甲은 여러 병의 양주를 마시고 책임무능력의 명정상태가 되었다. 甲은 미리 준비하여 둔 엽총을 휴대하고 乙의 집 앞으로 가서 乙을 보는 순간 그를 향하여 엽총을 쏘았으나 총알이 빗나가 옆에 있던 乙의 동생 丙이 총알에 맞아 사망하였다.

〈보기〉
ㄱ. 스스로 심신장애상태를 야기하는 원인행위에서 실행행위를 찾는 견해
ㄴ. 원인설정행위와 실행행위의 불가분적 관련에서 가벌성의 근거를 찾는 견해

① ㄱ의 견해에 의하면 만약 甲이 乙의 집 앞으로 도착한 순간에 체포되었더라도 살인죄의 미수가 인정된다.

② ㄱ의 견해에 의하면 실행행위와 책임능력의 동시존재원칙이 훼손되지 않는다.

③ ㄴ의 견해에 의하면 甲은 실행행위시 책임무능력상태에 있었음에도 불구하고 그에게는 책임능력자와 동일한 책임이 부과된다.

④ ㄴ의 견해에 의하면 甲에게는 실행행위시 사실의 착오가 있었지만 스스로 야기한 원인행위 때문에 착오이론에 관계없이 丙의 사망에 대한 살인고의가 인정된다.

⑤ 어느 견해에 의하더라도 착오에 관한 판례의 태도에 따르면 甲에게는 살인기수죄가 성립한다.

해설

✱ 원인에 있어서 자유로운 행위와 관련된 견해 중 ㄱ. 원인행위 자체를 구성요건적 행위로 보고 원인행위에 가벌성의 근거가 있다는 구성요건모델(일치설)은 불법행위의 시점과 책임능력의 존재시점을 일치시킴으로써 행위와 책임의 동시존재의 원칙을 유지한다. ㄴ. 실행행위는 심신장애상태하의 행위이나 책임능력은 원인행위시에 갖추어져 있으므로 원인행위와 실행행위의 불가분적 연관에 가벌성의 근거가 있다는 예외모델(불가분적 연관설)은 불법의 실체는 범행시에, 책임은 원인행위시에 존재한다고 함으로써 행위와 책임의 동시존재의 원칙의 예외를 인정한다.

① (O) 구성요건모델(일치설)은 원인행위 자체를 구성요건적 행위로 보고 원인행위시에(양주를 마실 때) 실행의 착수가 있다고 보므로 만약 甲이 乙의 집에 도착한 순간에 체포되었더라도 살인죄의 미수가 인정된다.

② (O) 구성요건모델(일치설)은 불법행위의 시점과 책임능력의 존재시점을 일치시킴으로써 행위와 책임의 동시존재의 원칙을 유지한다.

③ (O) 예외모델(불가분적 연관설)은 책임능력은 원인행위시에(양주를 마실 때) 갖추어져 있다고 보므로 甲은 실행행위시 책임무능력상태에 있었음에도 불구하고 그에게는 책임능력자와 동일한 책임이 부과된다.

④ (X) 예외모델(불가분적 연관설)에 따르면 갑에게는 실행행위시에 구체적 사실의 착오 중 방법의 착오가 있다. 구체적 부합설에 따르면 을에 대한 살인미수와 병에 대한 과실치사죄의 상상적 경합이 인정되지만, 법정적 부합설에 따르면 병에 대한 살인기수가 인정된다.

⑤ (O) 구체적 사실의 착오 중 방법의 착오의 경우, 착오에 관한 판례의 태도인 법정적 부합설에 따르면 병에 대한 살인기수가 인정된다.

정답 ④

28. 착오와 관련하여 〈보기 1〉과 〈보기 2〉가 바로 연결된 것은? (다툼이 있으면 판례에 의함)

〈보기 1〉

ㄱ. 법률의 존재에 관한 착오
ㄴ. 정당화사유(위법성조각사유)의 존재에 관한 착오
ㄷ. 위법성조각사유의 전제사실의 착오
ㄹ. 객체의 착오
ㅁ. 반전된 금지착오
ㅂ. 방법의 착오
ㅅ. 위법성조각사유의 한계에 관한 착오

〈보기 2〉

a. 남편은 처에 대한 징계권이 있다고 믿고 징계권의 행사로 처를 폭행한 경우

b. KFC 가게 앞의 흰색양복을 입은 할아버지마네킹을 맞춘다고 던진 돌이 Pizza Hut의 창문을 부숴버린 경우

c. 축첩(일부다처제)도 간통도 처벌되지 않는 나라에서 살다가 50년 만에 고국 땅을 밟은 사람이 인천공항에서 만난 유부녀와 화간하면서 한국에서 이러한 행위는 처벌된다는 것을 몰랐던 경우

d. 아파트 옥상에서 길을 내려다보다가 자신의 연적이 지나가는 것을 보고 물풍선을 떨어뜨려 머리에 상처를 입혔으나, 실은 그 동생이었던 경우

e. 에이즈에 걸린 자가 콘돔을 착용하고 상대방의 동의를 얻어 성행위를 하면서도 이러한 사실이 발각되면 후천성면역결핍증에 관한 특별법에 따라 처벌된다고 생각한 경우

f. 비오는 어두운 골목길을 걸어가던 중 뒤에서 우산으로 얼굴을 완전히 가리고 따라오는 자가 자신을 성폭행하거나 자신에게 강도행각을 벌일 것이라고 섣불리 믿고, 골목길에 숨었다가 뒤따라 들어오는 자를 구두로 내리쳐 범죄의 피해자가 되는 것을 면했다고 생각했으나, 실은 자신의 아버지가 우산을 같이 쓰고 가기 위해서 따라오다가 상해를 입은 경우

g. 현행범을 체포한 경우 일반 사인도 48시간 동안은 감금할 수 있다고 믿고 현행범을 체포하여 지하실에 48시간 동안 감금한 경우

① ㄱ-a, ㄴ-c, ㄷ-a　② ㄴ-a, ㄷ-c, ㄹ-e
③ ㄷ-f, ㄹ-d, ㅁ-a　④ ㄹ-d, ㅁ-f, ㅂ-b
⑤ ㄴ-a, ㄹ-d, ㅅ-c　⑥ ㄴ-a, ㄷ-f, ㅅ-g
⑦ ㄴ-g, ㅂ-b, ㅁ-e　⑧ ㄷ-f, ㅁ-e, ㅅ-a

해설

a - (ㄴ) 위법성조각사유의 존재에 관한 착오
b - (ㅂ) 방법의 착오
c - (ㄱ) 법률의 존재에 관한 착오
d - (ㄹ) 객체의 착오
e - (ㅁ) 반전된 금지착오
f - (ㄷ) 위법성조각사유의 (객관적) 전제사실에 관한 착오
g - (ㅅ) 위법성조각사유의 허용한계에 관한 착오

정답 ⑥

29. 착오의 종류를 바르게 연결한 것은?

가. 동성연애를 하면서 그것이 금지되어 있다고 생각하는 경우는 ( ) 착오에 해당한다.
나. 도품을 탈환하기 위해 절도자를 공격하면서 '정당방위는 신체와 생명의 보호를 위해서만 가능하고 재산적 가치의 보호를 위해서는 허용되지 않는다.'고 생각하는 경우는 ( ) 착오에 해당한다.
다. 구성요건적 사실의 내용 및 그 의미내용을 완전히 알고 있음에도 불구하고 자기에게 불리하게 당해 구성요건의 적용범위를 잘못 확장한 경우는 ( ) 착오에 해당한다.
라. 금지규범은 알고 있지만 금지규범이 상위규범이나 일반적 구속력을 가지는 법규정에 반하는 등의 사유로 효력이 없다고 오인한 경우는 ( ) 착오에 해당한다.
마. 법률은 자살자를 도와주는 행위를 위법성조각사유로 인정하고 있지 않지만, 행위자는 자살을 도와주는 행위도 위법성조각사유에 해당하여 죄가 되지 아니한다고 잘못 생각하는 경우는 ( ) 착오에 해당한다.
바. 사인이 현행범인을 체포하는 경우 그 범인을 자기 집안에 감금까지 할 수 있다고 생각한 경우는 ( ) 착오에 해당한다.

a. 포섭의 착오	b. 반전된 포섭의 착오
c. 효력의 착오	d. 반전된 효력의 착오
e. 허용의 착오	f. 반전된 허용의 착오
g. 허용규범의 착오	h. 허용한계의 착오
i. 금지착오	j. 반전된 금지착오

① 가(f), 나(e), 다(b), 라(c), 마(g), 바(h)
② 가(b), 나(f), 다(a), 라(d), 마(h), 바(g)
③ 가(i), 나(f), 다(b), 라(d), 마(h), 바(g)
④ 가(a), 나(e), 다(b), 라(c), 마(g), 바(h)
⑤ 가(d), 나(f), 다(a), 라(c), 마(g), 바(h)
⑥ 가(j), 나(e), 다(a), 라(d), 마(g), 바(h)
⑦ 가(i), 나(e), 다(a), 라(d), 마(h), 바(g)
⑧ 가(j), 나(f), 다(b), 라(c), 마(g), 바(h)

가. j 반전된 금지착오

나. f 반전된 허용의 착오
다. b 반전된 포섭의 착오
라. c 효력의 착오
마. g 허용규범의 착오
바. h 허용한계의 착오

정답 ⑧

30. 다음 [보기 1]은 위법성조각사유의 전제사실에 관한 착오에 대한 학설이고, [보기 2]는 각 학설의 내용 내지 그에 대한 비판이며, [보기 3]은 각 학설에 따른 이론적 귀결이다. [보기 1] - [보기 2] - [보기 3]의 연결로 올바른 것은?

[보기 1]

A. 위법성조각사유의 전제사실에 관한 착오는 객관적 구성요건표지에 대한 인식·인용이 있으나, 위법성이 조각된다고 생각하고 행위를 하였으므로 고의가 조각된다.

B. 모든 위법성조각사유에 관한 착오는 행위자에게 구성요건적 고의는 있으므로 고의는 조각되지 않으나, 행위자는 그 고의를 기초로 하여 행위의 위법성 여부를 심사하도록 자극을 주고 있었음에도 불구하고 전제사실에 대한 착오로 인하여 자기의 행위가 허용된다고 믿었던 것이므로 그 착오를 회피할 수 없는 때에는 위법성인식가능성이 부정되므로 책임이 조각되며, 회피가능성이 있는 때에는 책임을 감경해야 한다.

C. 위법성조각사유의 전제사실에 관한 착오는 구성요건적 사실에 관해서 착오가 존재하지 않으므로 고의불법은 조각되지 않지만, 착오자는 범죄실현의 의도가 아니라 법질서를 보존할 심정으로 행위한 것이므로 책임요소로서의 고의인 심정반가치가 탈락하여 고의범의 성립이 부정된다.

D. 위법성조각사유의 전제사실에 관한 착오는 구성요건적 고의는 존재하므로 구성요건적 착오 그 자체는 아니지만 행위자에게 구성요건적 불법을 실현하려는 적극적인 결단이 없으므로 구성요건적 착오규정을 유추적용해야 한다.

[보기 2]

㉠ 고의의 내용에 위법성조각사유의 부존재에 대한 인식까지 요구할 수 없다.

㉡ 위법성조각사유의 전제사실에 관한 착오가 단순히 평가의 착오가 아니라 사실관계에 대한 착오라는 특수성을 무시하였다.

㉢ 위법성조각사유의 전제사실에 관한 착오에 빠진 자의 행위에 악의의 공범자가 가담할 때 이들 공범자의 처벌이 가능하게 된다.

ⓔ 위법성조각사유의 전제사실에 관한 착오가 있을 때 구성요건적 고의가 조각된다고 할 때에는 공범의 성립이 불가능하여 처벌의 결함을 초래한다.

[보기 3]
a. 사실의 착오(구성요건적 착오)로 본다.
b. 위법성의 착오(법률의 착오)로 본다.
c. 사실의 착오(구성요건적 착오)는 아니지만 사실의 착오(구성요건적 착오)와 유사하게 취급한다.

① A-㉠-a B-㉡-b C-㉢-c D-㉣-c
② A-㉠-a B-㉢-b C-㉡-c D-㉣-c
③ A-㉡-a B-㉠-b C-㉢-c D-㉣-a
④ A-㉠-c B-㉡-b C-㉣-c D-㉢-c
⑤ A-㉠-c B-㉡-b C-㉢-c D-㉣-a

해설

[보기 1] A-소극적 구성요건표지이론, B-엄격책임설, C-법효과제한적 책임설, D-구성요건적 착오 유추적용설이다.
[보기 2] ㉠㉡㉢㉣은 순서대로 각 학설의 내용 내지 비판이다.
[보기 3] 각 학설의 논리적 귀결은 순서대로 a, b, c, c가 된다.

정답 ①

31. 아래 〈보기 1〉은 법률의 착오 및 위법성조각사유의 객관적 전제사실의 착오에 대한 학설의 내용이고, 〈보기 2〉는 위 학설들에 대한 비판이다. 〈보기 1〉과 〈보기 2〉의 연결 중 옳은 것은?

〈보기1〉
a. 위법성조각사유의 객관적 전제사실의 착오를 법률의 착오로 보는 견해이다.
b. 책임단계에 위치한 고의에는 범죄를 구성하는 사실에 관한 인식 이외에 현실적인 위법성의 인식을 필요로 한다는 견해이다.
c. 구성요건적 고의는 인정하되 책임고의는 부인한다.
d. 고의성립에 필요한 위법성인식은 반드시 현실적 인식일 필요는 없고 그 가능성만 있으면 충분하다.

〈보기2〉
ㄱ. 확신범 또는 상습범에 대해서 고의범을 인정할 수 없을 뿐만 아니라, 과실범의 처벌규정이 없는 때에는 무죄를 선고할 수밖에 없는 중대한 형사정책적 결함을 가지고 있다.

ㄴ. 고의와 과실을 결합하려는 논리적 모순이 일어나는 결함을 가지고 있다.
ㄷ. 허용구성요건착오는 행위자가 행위상황에 대하여 존재론적으로 전혀 인식하지 못하고 있는 경우인데, 그런 사람에게 엄격한 책임을 물어 고의범의 성립을 인정하는 것은 일반의 법감정에 맞지 않다.
ㄹ. 책임고의의 개념이 분명하지 않고, 일반적인 법률의 착오에서도 이러한 의미의 책임고의는 탈락하므로 법률의 착오에 대해서도 과실범의 효과만을 인정해야 하는 결함을 가지고 있다.

① a - ㄷ, d - ㄴ　② a - ㄹ, c - ㄴ
③ b - ㄹ, d - ㄴ　④ b - ㄱ, c - ㄴ
⑤ c - ㄷ, d - ㄹ　⑥ c - ㄷ, d - ㄴ
⑦ d - ㄴ, b - ㄷ　⑧ d - ㄷ, a - ㄴ

* a는 엄격책임설에 대한 설명인데, 엄격책임설 이외에 유추적용제한책임설, 법효과제한책임설, 소극적 구성요건요소이론은 모두 위법성조각사유의 객관적 전제사실의 착오를 사실의 착오로 파악한다. a에 대한 비판은 ㉢이다.

* b는 엄격고의설로 현실적인 위법성의 인식이 없으면 고의가 조각되고 다만 이를 회피할 수 있었을 때에는 과실범에 대한 처벌규정이 있는 경우에 한하여 과실범으로 처벌될 수 있을 뿐이다. b에 대한 비판은 ㉠이다.

* c는 법효과제한적 책임설로 고의의 이중 기능을 받아들여 구성요건적 고의는 인정하되 고의책임을 부정함으로써 법효과만을 제한하는 책임설로 현재 다수설이다. 이 경우도 착오에 과실이 있고 과실범을 처벌하는 규정이 있으면 과실범으로 처벌된다. c에 대한 비판은 ㉣이다.

* d는 제한고의설에 대한 설명이다. d에 대한 비판은 ㉡이다.

정답 ①

32. 엄격책임설과 제한책임설에 대한 설명으로 옳은 것으로만 묶인 것은?

(가) 포섭의 착오나 전형적인 법률의 착오에 대해서도 엄격책임설과 제한책임설은 서로 다른 결론을 내린다.
(나) 사실의 착오 유추적용설과 제한적 종속형식설을 따르면 위법성조각사유의 요건(전제)사실의 착오를 일으킨 사람을 교사하여 죄를 범하게 한 경우 간접정범이 성립한다.
(다) 법효과제한책임설은 책임고의를 인정하지만, 사실의 착오 유추적용설은 책임고의를 인정하지 않는다.

(라) 법효과제한책임설과 극단적 종속형식설을 따르게 될 경우 정당방위의 요건사실의 착오를 일으킨 사람을 교사하여 죄를 범하게 한 경우 간접정범이 성립한다.

(마) 엄격책임설은 위법성조각사유의 요건사실의 착오를 법률의 착오의 문제로 다룬다.

(바) 엄격책임설과 제한책임설은 모두 자신의 행위가 형벌법규에 반하는 인식이 없다 하더라도 민법이건 형법이건 법에 반하는 인식이 있을 경우 위법성의 인식이 존재한다고 한다.

① (가), (나), (다)
② (가), (나), (라)
③ (나), (다), (라), (마)
④ (나), (마), (바)
⑤ (나), (라)
⑥ (다), (라)
⑦ (다), (라), (마)
⑧ (마), (바)

해설

㈎ (X) 엄격책임설과 제한책임설은 위법성조각사유의 요건사실의 착오에 대해서만 결론을 달리하고, 일반적인 법률의 착오에 대해서는 결론을 같이 한다.

㈏ (O) 사실의 착오 유추적용설과 제한적 종속형식설을 따르면 위법성조각사유의 요건(전제)사실의 착오를 일으킨 사람을 교사하여 죄를 범하게 한 경우 피교사자의 행위가 과실범의 구성요건에 해당하므로 교사범이 성립할 수 없고 간접정범이 성립한다.

㈐ (X) 법효과제한 책임설은 책임고의를 인정하지만, 사실의 착오 유추적용설과 책임고의 인정 여부는 논리필연적 관계에 있는 것은 아니다.

㈑ (O) 법효과제한책임설과 극단적 종속형식설을 따르게 될 경우 정당방위의 요건사실의 착오를 일으킨 사람을 교사하여 죄를 범하게 한 경우 피교사자가 과실책임을 지므로 교사범이 성립할 수 없고 간접정범이 성립한다.

㈒ (O) 엄격책임설은 위법성조각사유의 요건사실의 착오를 법률의 착오의 문제로 다루고, 제한책임설은 특수한 착오유형으로 다룬다.

㈓ (X) 엄격책임설 및 제한책임설과 위법성인식의 인정여부 문제는 논리필연적 관계에 있는 것은 아니다.

※ 옳은 것은 ㈏, ㈑, ㈒이므로, 옳은 것으로만 묶인 것은 5번이다.

정답 ⑤

33. 다음의 (보기 1)은 위법성조각사유의 객관적 전제사실에 관한 착오의 해결책에 대한 비판을 소개하고 있다. (보기 2)에서는 비판받는 각 학설을 적용했을 때의 결론을 제시하고 있다. (   )에 들어갈 죄명을 순서대로 올바르게 나열한 것은?

(보기 1)
ㄱ. 자신의 행위가 법질서에 위반된다는 것을 현실적으로 인식하고 행동해야만 처벌할 수 있다고 한다면, 법에 무관심한 자나 양심범의 경우에는 처벌할 수 없다는 결론이 된다. 이러한 이론을 수용하기는 어렵다.
ㄴ. 현행 형법은 사실의 착오의 효과로 고의를 배제하고, 법률의 착오의 효과로 정당한 사유가 있는 경우 책임을 면제한다고 규정하고 있을 뿐, 책임을 감경한다는 규정을 두고 있지는 않다.
ㄷ. 통나무에 사격을 가한다는 것이 사람을 맞춘 결과가 된 사안과 자신을 살해하려는 청부업자를 살해한다는 것이 무고한 이웃사람을 살해한 사안을 모두 과실치사라고 하는 것은 재고해 볼 필요가 있다.
ㄹ. 고의범의 심정반가치가 법적대적 양심이고, 위법성조각사유의 객관적 전제사실의 착오에 빠진 자는 그러한 법적대적 양심이 없다고 한다면, 대한민국에는 간통죄의 처벌규정이 없다고 생각한 한국국적의 미국교포 2세도 법적대적 양심이 없는 점에서는 동일하다.

(보기 2)
ㄱ. 저녁 늦게 뒷문으로 술이 취해 귀가하는 아들을 강도범으로 오인하고 목검으로 수차 내리쳐 상해에 이르게 한 자는 ( )의 책임을 질 수 있다.
ㄴ. 늦은 밤 골목길에서 자신의 뒤를 따라오는 사람을 강도범으로 오인하고 하이힐로 수차 내리쳐 상해에 이르게 한 자는 ( )의 책임을 질 수 있다.
ㄷ. 잠결에 자신에게 키스를 해오는 애인을 강간범으로 오인하고 혀를 깨물어 혀절단상을 입히게 한 자는 ( )의 책임을 질 수 있다.
ㄹ. 이미 문을 닫은 상점에서 자고 있던 중, 문을 쿵쿵 두드리다가 열려진 문틈으로 큰 가방을 들고 들어오는 남편을 절도범으로 오인하고 방망이로 내리쳐 상해를 입힌 자는 ( )의 책임을 질 수 있다.

	ㄱ	ㄴ	ㄷ	ㄹ
①	과실치상죄	과실치상죄	과실치상죄	과실치상죄
②	상해죄	상해죄	상해죄	상해죄
③	과실치상죄	상해죄	과실치상죄	상해죄
④	과실치상죄	상해죄	과실치상죄	과실치상죄
⑤	과실치상죄	과실치상죄	과실치상죄	상해죄

해설

* (보기 1): ㄱ. 엄격고의설, ㄴ. 엄격책임설, ㄷ. 소극적 구성요건표지이론, ㄹ. 제한책임설

* (보기 2): ㄱ. 고의조각, ㄴ. 고의형벌의 감경 또는 면제, ㄷ. 고의조각, ㄹ. 고의조각 내지 과실범의 형벌 (책임고의는 조각되므로 상해죄의 책임을 진다고 할 수 없다).

정답 ④

34. 한밤중에 찾아온 집배원을 강도로 오인하고 방위의사로써 상해를 입힌 경우에 대한 다음 보기의 설명 중 옳지 않은 것을 모두 고른 것은? (다툼이 있으면 다수설에 의함)

〈보기〉

㉠ 엄격고의설에 의하면 위법성의 인식을 고의의 내용으로 이해하여 위법성조각사유에 대한 착오가 있으면 위법성의 인식가능성이 없으므로 책임요소로서의 고의가 조각되어 과실범의 성립여부가 문제된다.

㉡ 제한고의설에 의하면 위법성인식이 가능하거나 착오에 대한 과실이 있으면 고의범으로 처벌되고 위법성인식의 가능성조차 없거나 착오에 대한 과실이 없으면 구성요건적 고의가 조각되어 과실범은 더 이상 문제되지 않는다.

㉢ 소극적구성요건 표지이론에 의하면 소극적 구성요건요소의 부존재에 관한 인식이 없으므로 당연히 구성요건적 착오에 관한 규정이 직접 적용되어 불법고의가 조각되고 과실범의 성립여부가 남는다. 착오자의 행위에 가담한 자를 공범으로 처벌할 수는 없다.

㉣ 엄격책임설은 위 사례의 경우를 금지착오라고 보고 그 착오가 회피가능했다면 고의범이 성립할 수 있으나 그 착오에 과실이 있다면 과실범이 성립한다고 본다.

㉤ 구성요건적착오 유추적용설에 의하면 구성요건적 착오에 관한 규정이 유추 적용되어 구성요건적 고의가 조각되어 과실범의 성립여부가 문제될 수 있으나 착오자의 행위에 가담한 자는 공범은 물론 간접정범으로도 처벌할 수 없다.

㉥ 법효과제한적 책임설은 위 사례의 경우는 법효과에 있어서 구성요건적 착오와 동일하여 구성요건적 고의는 성립하나 책임고의가 조각되어 과실범이 문제될 수 있으며 착오자의 행위에 가담한 자에게 공범의 성립도 가능하다고 한다.

① ㉠ ㉡ ㉢ ㉣ ㉤　　② ㉠ ㉣ ㉤
③ ㉡ ㉣ ㉤　　④ ㉡ ㉢ ㉤
⑤ ㉡ ㉢ ㉥　　⑥ ㉡ ㉣ ㉤ ㉥
⑦ ㉠ ㉡ ㉢ ㉣　　⑧ ㉠ ㉡ ㉣ ㉤

해설

㉠ (X) 엄격고의설에 의하면 위법성의 현실적 인식이 고의의 내용이므로 위법성의 인식가능성이 아니라 현실적인 위법성의 인식이 없으면 책임요소로서의 고의가 조각되어 과실범이 문제될 수 있다.

ⓛ (X) 제한고의설에 의하면 위법성의 인식가능성조차 없거나 착오에 과실이 없으면 책임요소로서의 고의가 조각되고, 나아가 과실범조차 성립될 수 없으므로 무죄가 된다.

ⓒ (O) 소극적구성요건 표지이론에서는 구성요건적 고의가 아니라 불법고의가 조각된다고 해야 옳은 표현이다. 구성요건적 고의는 행위자가 적극적으로 객관적 구성요건실현에 대한 인식과 의사를 가지고 있는 것이고, 그 뿐만 아니라 소극적으로 자신의 행위가 어느 하나의 위법성조각사유에도 해당하지 않음을 알고 있는 넓은 의미의 고의를 불법고의라고 한다.

ⓔ (X) 엄격책임설에 의하면 위법성조각사유의 전제사실에 대한 착오를 금지착오라고 보므로 일단 구성요건적 고의는 성립하고, 착오가 회피가능했다면, 즉 착오에 과실이 있다면 고의범이 성립한다. 다시 말해서 '착오가 회피가능했다'는 말과 '착오에 과실이 있다'는 말은 같은 의미이다.

ⓜ (X) 유추적용설에 의한다고 하더라도 오상방위의 착오자를 이용하는 자에게 의사지배가 있으면 간접정범을 인정할 수는 있다.

ⓑ (O) 법효과제한적 책임설에 따른 옳은 설명이다.

정답 ⑧

35. 다음 〈사례〉에서 乙의 죄책에 대한 〈설명〉으로서 옳지 않은 것을 모두 묶은 것은?

〈사례〉

고등학교 태권도 선수 甲과 그의 누나인 乙은 함께 한적하고 어두운 골목길로 늦은 귀가를 서두르던 중, 동네 입구부터 계속 자신들을 뒤따르던 건장한 체격의 남자(丙)가 있음을 감지하였다. 그가 강도일지도 모른다는 두려움에 발걸음을 재촉하던 중 乙이 뒤돌아보니 희미한 가로등 불빛 아래에 비친 丙이 얼마 전부터 자신을 귀찮게 따라다니며 구애를 하던 남자였음을 알아차렸다. 하지만 乙은 이 기회에 丙을 혼내 주려는 의도로 甲에게 "저 남자가 손에 무기 같은 것을 들고 있으니 강도 같다"며 "이 기회에 너의 태권도 실력을 한번 발휘해 보라"고 상해를 부추겼다. 그러면서 乙은 바쁘다면서 앞서 달려갔다. 잠시 후 丙이 甲에게 다가와 乙의 집 위치를 물으려는 의도로 가볍게 등을 두드리는 순간, 甲은 강도 피해를 모면하기 위해 재빨리 뒤돌아서며 돌려차기 기술로 그에게 상해를 입혔다. 甲이 丙을 강도로 착오한 것에 대해서는 과실이 인정된다.

〈설명〉

(ㄱ) 유추적용의 제한적 책임설과 제한적 종속성설에 따르면 乙에게는 상해죄의 간접정범이 인정될 수 있다.

(ㄴ) 엄격책임설과 극단적 종속성설에 따르면 乙에게는 상해죄의 교사범이 인정될 수 있다.

(ㄷ) 법효과 제한적 책임설과 극단적 종속성설에 따르면 乙에게는 상해교사죄의 성립이 가능하다.
(ㄹ) 소극적 구성요건요소이론과 최소한 종속성설에 따르면 乙에게는 상해죄의 교사범이 인정될 수 있다.
(ㅁ) 법효과 제한적 책임설과 제한적 종속성설에 따르면 乙에게는 상해죄의 간접정범과 상해교사죄의 성립이 각각 가능하지만, 전자의 성립여부를 먼저 심사하는 것이 정범개념의 우위성에 상응하는 것이다.
(ㅂ) 엄격책임설과 제한적 종속성설에 따르면 乙에게는 최소한 상해교사죄가 성립될 것이고, 정범배후의 정범이론을 수용하면 상해죄의 간접정범까지 인정할 수 있다.

① ㄱ, ㄴ, ㄷ ② ㄴ, ㄷ, ㄹ
③ ㄹ, ㅁ, ㅂ ④ ㄴ, ㄷ
⑤ ㄱ, ㄹ ⑥ ㄷ, ㄹ
⑦ ㅁ, ㅂ ⑧ ㄱ, ㅂ

해설

(ㄱ) (O) (ㄹ) (X) 甲에게 구성요건 내지 위법성 단계에서 과실범이 인정되는 소극적 구성요건표지이론과 유추적용의 제한적 책임설에 따르면 乙에게는 (고의)상해죄의 간접정범만이 인정될 수 있다. 협의공범의 인정을 위해서는, 다수설인 제한적 종속성설에 따르면 정범 甲의 행위가 위법성까지 고의범이어야 하고 최소한 종속설에 따르면 정범 甲의 행위가 구성요건해당성까지 고의범이어야 하기 때문이다.

(ㄴ) (O) (ㅂ) (O) 甲에게 (고의)상해죄를 인정하는 엄격책임설에 따르면 乙에게는 최소한 상해교사죄가 성립될 것이고, 정범배후의 정범이론을 수용하면 (고의)상해죄의 간접정범까지 인정할 수 있을 것이다(그러나 우리나라 실정법에 의하면 상해방조죄만이 가능).

(ㄷ) (X) (ㅁ) (O) 책임단계에서 비로소 과실범을 인정하는 법효과제한적 책임설에 따르면 乙에게는 과실범으로 처벌되는 자를 이용한 간접정범과 상해교사죄(다만 제한적 종속성설에 의해서만 가능함, 극단적 종속성설에 따르면 간접정범의 성립만이 가능함)의 인정이 모두 가능하다. 이런 경우에는 정범개념의 우위성에 따라 乙이 정범표지를 갖추었는지를 먼저 심사해 보아야 한다.

정답 ⑥

36. 다음 〈보기〉는 어느 착오의 해결에 관한 각 학생들의 대화내용이다. 각 학생의 견해에 따라 〈사례〉를 해결하는 경우 〈丙의 죄책〉에 대한 설명으로 그 연결이 옳은 것은?

〈사례〉
강도 甲이 어두운 골목길에서 乙을 흉기로 위협하며 금품을 요구하자 乙은 지갑을 꺼내는 듯하다가 甲의 손목을 붙잡고 "강도야"라고 소리치며 반항하였다. 이때 그곳을 지나가던 시민 丙은 부주의로 乙이 甲을 흉기로 위협하는 것으로 오인하여 甲을 구하기 위한 방위의사로 주위에 있던 벽돌을 가지고 乙의 뒷머리를 내려쳐 전치 3주의 상해를 가하였다.

〈보기〉
학생 A : 이러한 유형의 착오는 본질적으로 사실의 착오와 유사하고 불법구성요건에 대한 실현의사가 결여되어 있으므로 고의범에 상응하는 행위불법이 없다.
학생 B : 이 착오에 빠진 행위자는 법에 충실하려고 하였지만 부주의로 상황을 착오하여 구성요건적 결과를 발생시킨 경우이므로 고의책임을 부담시킬 수 없고 그 착오에 과실이 인정되면 과실범으로 처벌할 수 있다.
학생 C : 이러한 유형의 착오는 사실의 착오에 해당하므로 이에 대한 형법규정이 직접 적용된다.
학생 D : 이 착오에 빠진 행위자는 자기행위의 위법성을 인식하지 못한 경우이므로 형법 제16조에 따라서 해결되어야 할 것이다.

〈丙의 죄책〉
ㄱ. 2단계 범죄체계론에서의 불법 고의가 부정되므로 과실치상죄에 해당한다.
ㄴ. 구성요건적 고의는 인정되지만 사실의 착오에 관한 규정을 유추적용하여 과실치상죄에 해당한다.
ㄷ. 정당한 이유가 인정되지 않으므로 상해죄에 해당한다.
ㄹ. 불법고의는 인정되지만 책임고의가 탈락되어 과실치상죄에 해당한다.
ㅁ. 오인에 정당한 이유가 있으므로 상해죄의 책임이 조각된다.

① A - ㄱ, B - ㄹ ② A - ㄴ, C - ㄱ ③ A - ㄱ, D - ㄴ
④ B - ㄴ, D - ㄷ ⑤ B - ㄹ, C - ㄴ ⑥ C - ㄷ, D - ㅁ

해설

✻ 〈사례〉는 위법성조각사유의 전제사실에 대한 착오에 대한 것이다.

A - ㄴ ; 유추적용설의 입장이다. 위법성조각사유의 객관적 전제사실은 구성요건의 객관적 요소와 유사성이 있으며, 행위자에게는 구성요건적 불법을 실현하려는 의사가 결여되어 행위반가치가 부정되기 때문에 구성요건적 착오에 관한 규정을 유추적용하여 불법고의가 조각된다는 견해이다. 따라서 과실치상죄가 성립한다.

B - ㄹ ; 법효과제한적 책임설의 입장이다. 행위자에게 객체를 침해한다는 사실에 대한 인식·인용은 있으므로 구성요건적 고의는 조각되지 아니하나, 착오로 인하여 행위자의 심정반가치를 인정할 수 없으므로 책임고의가 조각되어 그 법적 효과에 있어서만 구성요건적 고의가 조각된 것처럼 과실범의 문제로 취급하자는 견해이다. 따라서 과실치상죄가 성립한다.

C - ㄱ ; 소극적 구성요건표지이론의 입장이다. 2단계 범죄체계론에 입각해 있다. 위법성조각사유는 소극적 구성요건표지로서 행위자는 객관적 구성요건요소 이외에 위법성조각사유의 부존재도 인식해야 고의가 성립하는데, 위법성조각사유의 전제사실에 관한 착오의 경우에는 위법성조각사유의 부존재에 대한 인식이 없기 때문에 구성요건적 착오로서 불법고의가 조각되고 과실범 성립의 문제만 남는다는 견해이다. 따라서 과실치상죄가 성립한다.

D - ㄷ ; 엄격책임설의 입장이다. 행위자는 구성요건적 사실 그 자체는 인식했으므로 구성요건적 고의는 조각될 수 없고, 다만 착오로 인하여 위법성을 인식하지 못한 것이므로 금지착오의 문제로 보아야 한다는 견해이다. 형법 제16조의 정당한 이유가 있는지 여부에 따라 판단하는데 사안에서는 회피가능성이 있으므로 상해죄에 해당한다.

정답 ②

37. 다음의 〈사례〉를 학생들에게 과제로 부과하였더니 〈학생들의 답안〉 A ~ D가 제출되었다. 답안에 대한 평가로 옳은 것을 모두 고른 것은?

〈사례〉
한의사 甲은 자신의 한의원이 평소 아들 낳는 약을 잘 짓는다는 소문을 듣고 찾아온 유부녀 乙을 진맥하고 보약을 지어주기로 하였다. 甲은 乙이 그러한 허위사실을 믿고 약을 지으러 온 줄 알면서도 甲 자신이 선전하지 않았으므로 굳이 사실대로 고지할 법적 의무가 없다고 판단하여 일상적인 부부관계에 관한 내용만 이야기하고 보약을 지어준 다음, 그 대금을 받았다. 甲의 행위가 부작위인 것으로 인정된 경우, 甲의 죄책은?

〈학생들의 답안〉

A. 판례의 입장을 따를 때, 사실을 고지할 법적 의무가 없다는 甲의 판단은 옳다. 따라서 甲은 무죄이다.

B. 작위의무의 체계적 지위에 관해 이원설을 택하면 甲이 사실고지의 법적 의무가 있음에도 불구하고 없다고 오인한 것은 사실의 착오에 해당한다. 따라서 甲에게는 사기죄가 성립되지 않는다.

C. 작위의무의 체계적 지위에 관해 이원설을 택하면 甲이 사실고지의 법적 의무가 있음에도 불구하고 없다고 오인한 것은 법률의 착오에 해당한다. 그리고 책임설에 의하면 甲에게는 과실범의 죄책이 성립되지만, 사기죄는 과실범 처벌 규정이 없으므로 甲은 무죄이다.

D. 甲이 사실고지의 법적 의무가 있음에도 불구하고 없다고 오인한 것은 위법성조각사유의 전제사실에 관한 착오에 해당한다. 그리고 제한적 책임설에 의하면 甲은 사기죄의 죄책을 진다.

〈답안에 대한 평가〉

ㄱ. A와 B 답안은 모두 옳다. 즉, 판례의 입장을 따르면 甲에게 사실고지의 법적 의무가 없어서 무죄이고, 이원설을 따르면 사실의 착오로서 무죄가 되는 것이다.

ㄴ. B 답안이 옳다. 하지만 작위의무의 체계적 지위에 관해 위법성요소설을 택하면 甲의 오인은 법률의 착오가 되어 사기죄의 고의는 인정된다.

ㄷ. C 답안에서 후반부 "책임설에 의하면 甲에게는 과실범의 죄책이 성립되지만, 사기죄는 과실범 처벌 규정이 없으므로 甲은 무죄이다."의 부분을 "책임설에 의하면 甲은 사기죄의 죄책을 질 수 있다."로 바꾸면 C 답안은 옳은 답안이다.

ㄹ. D 답안에서 후반부 "제한적 책임설에 의하면 甲은 사기죄의 죄책을 진다."의 부분을 "엄격책임설에 의하면 甲은 사기죄의 죄책을 진다."로 바꾸면 D 답안은 옳은 답안이다.

① ㄱ ② ㄴ ③ ㄷ ④ ㄱ, ㄷ
⑤ ㄴ, ㄹ ⑥ ㄷ, ㄹ ⑦ ㄱ, ㄴ, ㄷ ⑧ ㄴ, ㄷ, ㄹ

해설

〈학생들의 답안〉

A. (X) [大判 2000. 1. 28, 99도2884] [1] 사기죄의 요건으로서의 기망은 널리 재산상의 거래관계에 있어 서로 지켜야 할 신의와 성실의 의무를 저버리는 모든 적극적 또는 소극적 행위를 말하는 것이고, 이러한 소극적 행위로서의 부작위에 의한 기망은 법률상 고지의무 있는 자가 일정한 사실에 관하여 상대방이 착오에 빠져 있음을 알면서도 이를 고지하지 아니함을 말하는 것으로서, 일반거래의 경험칙상 상대방이 그 사실을 알았더라면 당해 법률행위를 하지 않았을 것이 명백한 경우에는 신의칙에 비추어 그 사실을 고지할 법률상 의무가 인정되는 것이다. [2] 특정 시술을 받으면 아들을 낳을 수 있을 것이라는 착오에 빠져있는 피해자들에게 그 시술의 효과와 원리에 관하여 사실대로 고지하지 아니한 채 아들을 낳을 수 있는 시술인 것처럼 가장하여

일련의 시술과 처방을 행한 의사에 대하여 사기죄의 성립을 인정한 사례.

B. (X) 작위의무의 체계적 지위에 관한 이원설에 따르면 보증인 지위는 구성요건요소이나 보증인 의무는 위법성 요소이다. 따라서 이원설에 따르면 보증인 의무에 대한 착오는 법률의 착오가 된다.

C. (X) 작위의무의 체계적 지위에 관한 이원설에 따르면 보증인 의무는 위법성 요소이므로 이에 대한 착오는 법률의 착오가 된다. 책임설에 따르면 고의는 위법성인식과 분리되어 구성요건 요소가 되므로 사기죄의 고의는 인정되고 위법성 인식과 관련하여 정당한 이유가 문제되는데 회피가능하다고 보이므로 책임도 인정된다. 甲은 사기죄의 기수범이 된다.

D. (X) 법적 의무가 있는데도 없다고 오인한 것은 위법성조각사유의 전제사실에 대한 착오가 아니라 법률의 착오이다. 더구나 위법성조각사유의 전제사실에 대한 착오의 경우 제한적 책임설에 따르면 고의가 조각되어 과실범이 문제될 뿐이다.

〈답안에 대한 평가〉

ㄱ. (X) A와 B의 답안은 모두 틀리다. 즉, 판례의 입장을 따르면 甲에게 사실고지의 법적 의무가 있어서 사기죄의 기수범이 되고, 이원설을 따르면 법률의 착오로서 형법 제16조의 정당한 이유가 문제된다.

ㄴ. (X) B의 답안은 틀리다.

ㄷ. (O)

ㄹ. (X) D의 답안의 전반부가 틀리다. 법적 의무가 있는데도 없다고 오인한 것은 위법성조각사유의 전제사실에 대한 착오가 아니라 법률의 착오이다.

정답 ③

38. 고의 내지 착오와 관련된 다음 기술 중에서 옳지 않은 것을 모두 묶은 것은?

(a) 다수설에 의하면 현재의 부당한 침해에 대해 방위의사 없이 우연히 정당방위를 한 경우는 물론이고 거꾸로 된(전도된 또는 반전된) 사실의 착오의 경우에도 고의범으로 처벌할 수 있다.

(b) 고전적 범죄체계에서 고의는 책임요소이고, 위법성인식은 고의와는 독립된 책임요소이다.

(c) 심리적 책임론에 따르면, 고의는 책임요소이고 형사미성년자에게 일률적으로 고의책임비난을 하지 않는 이유가 쉽게 설명될 수 있다.

(d) 목적적 행위론은 고의를 구성요건요소로 올리는데 결정적으로 기여하였고, 위법성조각사유의 전제사실에 관한 착오에 있어서는 제한적 책임설을 취한다.

(e) 당해 문서가 공문서인 줄은 알았으나 형법 제225조 소정의 공문서에는 해당하지 아니하는 것으로 생각한 경우에는 고의가 성립하지 아니한다.

(f) 법효과제한적 책임설에 따르면 오상방위에서는 고의의 이중적 기능이 비교적 잘 드러난다.

(g) 목적적 범죄체계에서 규범적 구성요건요소의 의미를 일반인과 달리 해석한 경우에 해당구성요건에 대한 고의가 부정되는 것은 아니다.

(h) 객체의 착오가 있는 경우의 고의인정에 대해서 구체적 부합설과 법정적 부합설 사이에 견해 차이는 없다.

(i) 행위를 처벌하는 형벌법규가 현실적으로 존재하지 않더라도 행위자가 자신의 행위가 위법하다고 믿었고 위험성이 있으면 가벌성이 있다.

(j) 피고인이 상해의 고의로 구타하여 피해자가 정신을 잃고 빈사상태에 빠지자 사망한 것으로 오인한 나머지, 자신의 행위를 은폐하고 피해자가 자살한 것처럼 가장하기 위하여 피해자를 베란다 아래의 바닥으로 떨어뜨려 사망하게 하였다면, 피고인의 행위는 포괄하여 단일의 살인죄가 성립한다.

① (a) (b) (c) (e) (f) (g)
② (b) (c) (d) (g) (h) (i)
③ (a) (d) (e) (f) (g) (h)
④ (b) (c) (d) (e) (i) (j)
⑤ (c) (e) (f) (g) (h) (i)
⑥ (d) (e) (f) (g) (h) (i)
⑦ (e) (f) (g) (h) (i) (j)
⑧ (a) (b) (c) (g) (i) (j)

해설

(a) (O) 우연방위와 전도된 사실의 착오는 모두 불능미수로 처벌하자는 것이 다수설이고, 미수범은 고의범임.

(b) (X) 고전적 범죄체계의 고의설에 의하면 위법성인식은 고의의 내용이 된다.

(c) (X) 심리적 책임론은 고의 또는 과실을 곧 책임으로 이해하므로, 고의 또는 과실을 가지고 행위한 형사미성년자에 대한 일률적 책임조각을 잘 설명할 수 없다.

(d) (X) 목적적 행위론은 위법성조각사유의 전제사실에 관한 착오에 있어서는 엄격책임설을 취한다.

(e) (X) 고의인정을 위해 형법조문에 대한 인식 또는 포섭은 불필요함. 포섭의 착오로서 금지착오에 해당한다.

(f) (O) 법효과제한적 책임설은 오상방위에서 고의불법을 인정하면서도 고의책임의 탈락을 이유로 과실범의 효과를 인정한다. 따라서 고의의 이중적 기능이 비교적 잘 드러난다.

(g) (O) 목적적 범죄체계에서 규범적 구성요건요소의 의미를 일반인과 달리 해석한 경우에는 포섭의 착오에 해당한다.

(h) (O) 객체의 착오가 있는 경우, 구체적 사실의 착오라면 발생사실에 대한 고의를 인정하는 점에 견해가 일치하고, 추상적 사실의 착오라면 양설 모두 발생사실에 대한 고의를 부정한다.

(i) (X) 환각범에 해당하며, 어떠한 경우에도 불가벌임.

(j) (X) 판례에 따르면 이 경우 상해치사죄의 포괄일죄에 해당한다.

정답 ④

39. 미수범의 처벌근거에 관한 설명으로 옳지 않은 것은?

① 객관설에 의하면 미수범은 원칙적으로 처벌하지 않으며, 따라서 미수의 불법은 법익침해의 위태화에 있다고 하면서 미수범의 처벌에 있어서 필요적 감경을 주장한다.

② 주관설은 미수의 처벌근거는 범의에 나타난 행위반가치에 있으며, 따라서 행위자가 법적대적 의사의 표현에 의해 법적인 평온이 침해된 이상 법익에 아무런 위험을 가져오지 않는 경우도 원칙적으로 처벌된다는 견해이다.

③ 절충설은 객관설에서 출발하지만 객관설에 의한 미수의 범위를 주관적인 요소에 의하여 제한하고자 하는 입장이다. 이는 다시 주관적인 요소를 어떻게 보느냐에 따라서 견해가 대립된다.

④ 객관적으로는 범죄의사가 행위 가운데 분명히 표명되고, 주관적으로는 범인의 전체 범행계획에 따라 보호객체에 대한 위험에 직접 돌입한 때 미수가 성립한다는 견해가 객관적 계획설이다.

⑤ 미수의 처벌근거는 범죄의사에 있지만 그 가벌성은 법적대적 의사가 법질서의 효력과 법적 안정성에 대한 일반인의 신뢰를 깨뜨리는데 족한 때 인정하는 견해인 인상설은 우리나라에서는 절충설과 동일한 것 혹은 대표적인 것으로 이해한다.

해설

① (O) 객관설은 예비·미수 및 기수단계에 있어서 고의는 동일하기 때문에 처벌의 차이는 객관적인 것에 두어야 한다는 객관주의 범죄이론의 입장에서 주장된다. 객관설에 의하면 미수범의 불법은 구성요건적 결과를 야기할 위험성이라는 결과반가치에 있고, 따라서 불능범은 법익침해의 위험성이 없기 때문에 불가벌이 된다. 그리고 미수는 법익침해가 없기 때문에 법익이 침해된 기수에 비하여 형을 필요적으로 감경해야 한다.

② (O) 주관설은 행위반가치를 중시하는 주관주의 범죄이론의 입장에서 주장된다. 주관설에 의하면 미수범의 불법은 범죄의사에 의하여 나타난 행위반가치에 있고, 따라서 불능범도 법적대적 의사가 존재하기 때문에 가벌성이 인정된다. 그리고 미수와 기수는 법적대적 의사라는 점에서 차이가 없으므로 미수도 기수와 동일하게 처벌해야 한다.

③ (X) 절충설은 주관설에서 출발하지만 주관설에 의한 미수의 성립범위를 객관적인 요소에 의하여 제한하고자 하는 입장이다. 절충설은 미수범의 처벌근거는 범죄의사에 있지만, 그 가벌성은 행위자의 법적대적 의사의 실행이 법질서의 효력과 법적 안정성을 침해한다는 인상을 일반인에게 주었을 때 인정된다는 견해이다(인상설 ; 통설).

④ (O)

⑤ (O) 우리나라의 다수학자는 절충설과 인상설을 동일시한다.

정답 ③

40. 실행의 착수에 관한 견해인 〈보기 1〉과, 이에 대한 내용 또는 비판인 〈보기 2〉를 올바르게 연결한 것은?

〈보기 1〉
가. 법률에 기술된 구성요건에 해당하는 정형적인 행위 또는 적어도 구성요건에 해당한다고 볼 수 있는 행위의 일부를 실현하였을 때에 실행의 착수가 있다.
나. 행위자의 전체적 범행계획에 비추어 볼 때 행위가 당해 구성요건에 의하여 보호되는 법익에 대한 직접적인 위험을 발생시키는 행위로 볼 수 있을 때에 실행의 착수가 있다.
다. 보호법익에 대한 직접적 위험 또는 법익침해에 대한 밀접한 행위가 있으면 실행의 착수가 있다.

〈보기 2〉
A. 판단자의 자의가 개입될 여지가 있고, 행위자의 내심상태를 고려함이 없이 행위의 의미를 파악한다는 것은 불가능하다는 비판이 제기된다.
B. 이 견해에 의하면 외형적으로는 동일한 행위라도 행위자의 범행계획에 따라 의미가 달라질 수 있다.
C. 행위자의 내심만 고려하기 때문에 미수의 성립 범위가 지나치게 확대될 위험이 있다.
D. 실행의 착수를 인정하는 시점이 지나치게 늦어지기 때문에 예비행위의 영역이 넓게 확대되어 처벌의 공백이 생길 수 있다는 문제점이 있다.

① 가 - A, 나 - B, 다 - D
② 가 - A, 나 - C, 다 - D
③ 가 - B, 나 - C, 다 - A
④ 가 - C, 나 - A, 다 - D
⑤ 가 - C, 나 - B, 다 - A
⑥ 가 - D, 나 - A, 다 - C
⑦ 가 - D, 나 - B, 다 - A
⑧ 가 - D, 나 - B, 다 - C

해설

가 - D ; 형식적 객관설의 입장이다. 엄격한 의미에서 구성요건에 해당하는 정형적인 행위 또는 그 일부를 개시한 때에 실행의 착수가 있다고 보는 견해이다. 너무 늦은 시점에서 실행의 착수를 인정함으로써 불가벌적 예비의 범위는 넓어지고 가벌적 미수의 범위는 지나치게 축소된다는 형사정책적인 문제점이 있다.

나 - B ; 절충설의 입장이다. 행위자의 주관적인 범죄계획에 비추어 범죄의사의 분명한 표현이라고 볼 수 있는 행위가 보호법익에 대한 직접적 위험을 발생시켰을 때 실행의 착수가 있다는 견해이다. 외형적으로는 동일한 행위라도 행위자의 범행계획에 따라 의미가 달라질 수 있다는 문제점이 있다.

다 - A ; 실질적 객관설 중 위험한 법익침해의 공식의 입장이다. 구성요건적 행위는 아닐지라도 행위가 보호법익에 대하여 직접적인 위험을 야기시킨 때 또는 법익침해에 밀접한 행위가 있을 때 실행의 착수를 인정하는 견해이다. '직접적 위험', '밀접행위' 등의 모호한 개념을 사용함으로써 판단기준이 불명확하여 판단자의 자의가 개입할 위험이 있다.

C ; 주관설에 대한 비판이다. 주관설은 범죄란 범죄적 의사의 표현이므로, 범죄의사를 명백하게 인정할 수 있는 외부적 행위가 있을 때, 또는 범의의 비약적 표동이 있을 때 실행의 착수가 있다는 견해이다. 예비도 범죄의사의 표현이므로 미수를 예비단계까지 부당하게 확대할 위험이 있다.

정답 ⑦

41. 다음 문장의 (　　)안에 아래 (a)에서 (l)까지의 〈어구〉 중 적당한 말을 골라 넣으면 실행의 착수에 관한 설명이 된다. 〈어구〉 중의 기호를 (　　)안에 쓰시오.

실행의 착수시기에 관하여 (㉠)은 (㉡)에 실행의 착수를 인정하는 (㉢)과 (㉣)에 실행의 착수를 인정하는 (㉤)로 나누어진다. (㉢)에 대해서도 강도, 강간 등과 같은 결합범에서는 실행의 착수를 확정하기가 용이하지만 하나의 행위로 이루어진 범죄에서는 실행의 착수를 확정하기 곤란하고, 실행의 착수시기를 너무 늦게 잡음으로써 처벌의 공백이 생길 수 있다는 비판이 가해진다. 이에 대해 (㉥)은 (㉦)에 따라 구성요건 실행행위가 직접 개시되었을 때를 실행의 착수시기로 본다.

〈어구〉
(a) 주관설 (b) 객관설 (c) 절충설 (d) 형식적 객관설
(e) 실질적 객관설 (f) 주관적 객관설
(g) 범의를 징표하는 외부적 행위가 개시된 때
(h) 구성요건해당행위가 개시된 때

(i) 구성요건(또는 법익침해)에 대한 밀접한 행위가 개시된 때
(j) 행위에 의해 표현된 법적대적 의사
(k) 행위가 지닌 법익침해의 위험성
(l) 행위자의 범행계획

해설

* 실행의 착수시기에 관하여 (㉠-(b) 객관설)은 (㉡-(h) 구성요건해당행위가 개시된 때)에 실행의 착수를 인정하는 (㉢-(d) 형식적 객관설)과 (㉣-(i) 구성요건(또는 법익침해)에 대한 밀접한 행위가 개시된 때)에 실행의 착수를 인정하는 (㉤-(e) 실질적 객관설)로 나누어진다. (㉢-(d) 형식적 객관설)에 대해서도 강도, 강간 등과 같은 결합범에서는 실행의 착수를 확정하기가 용이하지만 하나의 행위로 이루어진 범죄에서는 실행의 착수를 확정하기 곤란하고, 실행의 착수를 너무 늦게 잡음으로써 처벌의 공백이 생길 수 있다는 비판이 가해진다. 이에 대해 (㉥-(f) 주관적 객관설)은 (㉦-(l) 행위자의 범행계획)에 따라 구성요건 실행행위가 직접 개시되었을 때를 실행의 착수시기로 본다.

정답 ㉠-(b) ㉡-(h) ㉢-(d) ㉣-(i) ㉤-(e) ㉥-(f) ㉦-(l)

42. 다음은 실행의 착수시기에 관한 설명 중 옳지 않은 것만으로 연결된 것은? (다툼이 있으면 판례와 다수설에 의함)

㉠ 촉탁 · 승낙살인죄는 촉탁 · 승낙시가 아니라 살해행위에 착수한 때이다.
㉡ 원인에 있어서 자유로운 행위는 책임능력결함상태에서 구성요건실현행위를 개시한 때가 실행의 착수시기이다.
㉢ 간접정범의 실행의 착수시기는 피이용자가 실행행위를 한 때이다.
㉣ 임의적 공범(교사 · 방조범)에 있어서는 교사 · 방조시가 아니라 정범이 실행행위(살해행위 등)를 개시한 때이다.
㉤ 공동정범의 실행의 착수시기는 공동정범 중 1인이 실행에 착수하면 전원에게 실행의 착수가 인정된다.
㉥ 자살교사 · 방조죄는 자살을 교사 또는 방조한 때가 아니라 자살행위를 한 때가 실행의 착수시기이다.
㉦ 강도죄와 준강도죄의 실행의 착수시기는 모두 폭행 · 협박을 개시한 때라고 보는 것이 판례의 입장이다.
㉧ 인질강도죄나 인질강요죄가 목적범이 아니라는 점에 착안하는 견해는 그 실행의 착수시기를 인질을 잡기 위해 체포 · 감금 · 약취 · 유인행위를 한 때라고 한다.
㉨ 특수강도죄(야간주거침입강도)에서의 실행의 착수시기는 항상 폭행 · 협박시를 기준으로 결정한다

① ㉠-㉡-㉣-㉦ ② ㉢-㉣-㉦-㉨
③ ㉢-㉥-㉧-㉨ ④ ㉤-㉥-㉨-㉩
⑤ ㉡-㉦-㉨-㉩

해설

㉢ (X) 간접정범은 간접정범자(이용자)가 이용행위(교사 또는 방조행위)를 한 때가 실행의 착수시기이다.

㉥ (X) 자살 교사 · 방조죄는 교사 · 방조시가 실행의 착수시기이다.

㉧ (X) 목적범이 아니라는 점에 착안하는 견해는 인질강요죄와 인질강도죄는 인질의 석방이나 안전보장의 대가로 재물 또는 재산상 이익을 요구한 때에 실행의 착수를 인정한다.

㉨ (X) 판례는 폭행 · 협박시에 착수를 인정하기도 하고, 주거침입시에 실행의 착수를 인정하기도 하여 일관성이 없다.

정답 ③

43. 중지 미수의 법적 성격에 관한 학설의 내용과 각 학설에 대한 비판으로 가장 옳은 조합은?

〈학설〉

a. 중지미수를 관대하게 처벌하는 이유는 이미 미수단계에 이른 행위자에게 행위를 중지하거나 결과발생을 방지하기 위한 충동을 주어 범죄의 기수를 방지하려는 형사정책적 고려에 있다.

b. 미수범의 고의는 주관적 불법요소이고 위법성의 요소이므로, 이에 대응하여 중지의 결의는 위법성을 소멸 · 감소시키는 주관적 요소가 된다.

c. 중지미수는 자기 행위의 가치를 부정하는 규범의식의 각성 또는 중지행위에 나타난 행위자의 인격태도로 인하여 책임이 감소 · 소멸한다.

d. 행위자가 범행의 중지를 결심한 이상 행위자의 위험성이 현저히 약화되어 형벌이 갖는 범죄예방적 기능은 무의미하게 되었으므로 처벌의 필요성이 감소 · 소멸된다.

e. 행위자가 그에게 부과된 원상회복에 대한 의무인 책임을 이행하여 범죄가 기수에 이르는 것을 방지한 데에서 형벌감면의 근거가 있다.

f. 행위자가 중지에 의하여 법적대적 의사를 포기하고 법의 세계로 돌아오면 행위불법이 소멸하고 일반인의 법적 안정감 및 법질서에 대한 신뢰가 회복되므로 이에 대한 중지자의 공적을 보상하여 형을 감경 또는 면제한다.

〈비판〉

가. 중지미수의 필요적 감면의 근거는 은사의 문제가 아니라 형벌이 형법의 목적을 달성하는 데 필요한가라는 형법적 문제라는 점을 간과했다.

나. 의무합치적으로 중지했으면 중지미수로 특별취급 된다는 동어반복에 불과하다.

다. 중지미수를 유리하게 취급한다는 것이 일반에게 알려져 있지 아니한 때에는 효과가 없다.

라. 무죄 판결을 해야 하는데 유죄판결의 일종인 형면제판결을 한다는 점에서 현행법과 일치 하지 않는다.

마. 중지의 이유가 우연적 상황에 의해서 일어난 경우에는 이를 설명할 수 없다.

바. 행위자는 대부분 이러한 고려가 없이 행위를 중지하게 된다.

사. 공범 중 1인의 중지행위 효과가 다른 공범에게도 미치게 되어 중지미수의 일신전속적 성격에 반한다.

① 가-a　나-b　다-c　라-d　마-e
② 가-c　다-d　라-b　마-f　바-e
③ 가-e　나-b　다-d　라-a　마-f
④ 나-b　다-c　마-e　바-f　사-a
⑤ 나-e　다-a　라-b　바-f　사-b
⑥ 가-f　다-a　라-c　마-d　사-b
⑦ 가-f　다-b　라-d　마-e　사-c
⑧ 가-b　나-c　다-d　마-a　바-e

※ a-형사정책설, b-위법성소멸·감소설, c-책임소멸·감소설, d-형벌목적설, e-책임이행설, f-보상설

※ 각각의 학설과 비판을 연결해 보면 다음과 같다.

가 - f , 나 - e , 다 - a , 라 - c b , 마 - d ,
바 - a , 사 - b

정답 ⑥

44. 다음 기술 중 학설에 대한 비판으로 옳지 않은 것은?

① 미필적 고의와 인식 있는 과실의 구별에 관한 개연성설에 대해서는 고의의 본질을 지적 요소에 중점을 두고 의지적 요소를 도외시 하고 있으며 결과발생의 가능성과 개연성의 구별이 쉽지 않다는 비판이 제기된다.

② 피해자의 승낙에 의해 위법성이 조각되는 경우에 관한 이익흠결설(또는 이익포기설)에 대해서는 승낙살인죄와 같이 피해자의 승낙이 위법성을 조각하지 않는 것으로 규정한 경우를 설명할 수 없다는 비판이 제기된다.

③ 기대가능성의 판단표준에 관한 학설 중 국가표준설에 대해서는 국가가 항상 국민에게 적법행위를 기대하기 때문에 기대가능성이 없다는 이유로 책임이 조각되는 경우란 거의 발생하지 않는다는 비판이 제기된다.

④ 고의와 위법성 인식의 관계에 관한 엄격책임설에 대해서는 규범적 구성요건 요소에 관한 회피가능한 포섭의 착오를 과실범으로 처벌하기 때문에 처벌의 부당한 흠결이 발생한다는 비판이 제기된다.

⑤ 중지미수의 법적 성격에 관한 불법소멸·감소설에 대해서는 중지미수의 효과가 필요적 형감면인 것을 적절하게 설명할 수 없다는 비판이 제기된다.

해설

①③ (O)

② (O) 이익포기설은 이익흠결은 동일함에도 어떤 법익(예컨대, 생명)에 대해서는 위법성이 조각되지 않는 이유를 설명하지 못한다.

④ (X) 엄격책임설이 아니라 엄격고의설에 대한 비판이다. 엄격고의설은 위법성의 인식이 없으면 고의를 부인하게 되고 특별히 과실범의 구성요건을 마련한 경우에만 처벌되며, 과실범의 처벌규정이 없는 때에는 무죄를 선고하지 않을 수 없어 중대한 형사정책적 결함을 나타내게 된다. 규범적 구성요건 요소에 관해 포섭의 착오를 했다는 것은 규범적 구성요건요소를 너무 좁게 해석하여 자기의 행위가 허용된다고 믿은 경우를 말한다. 그것이 회피가능하다는 것은 그렇게 믿은 데에 과실이 있다는 것이므로 결국 과실범으로 처벌하게 되는데, 만약 과실범 처벌 규정이 없다면 처벌의 부당한 흠결이 발생하게 되는 것이다.

⑤ (O) 불법소멸·감소설에 대해서는 위법성 소멸시에는 무죄판결을 해야 하는데, 이는 유죄판결의 일종인 형면제판결을 하는 현행 형법의 태도와 모순된다는 비판이 있다.

정답 ④

45. 다음은 중지미수와 장애미수의 구별기준에 관한 학설 〈보기 1〉과 그 학설의 내용 또는 그에 대한 비판 〈보기 2〉이다. 〈보기 1〉의 기호를 〈보기 2〉의 괄호 안에 넣으시오.

〈보기 1〉

가. 외부적 사정과 내부적 동기로 구별하여 외부적 사정에 의하여 범죄가 완성되지 않은 경우는 장애미수이고, 그렇지 않은 경우는 중지미수이다.

나. 후회, 동정 기타 윤리적 동기에 의하여 중지한 경우는 중지미수이고, 그렇지 않은 경우는 장애미수이다.

다. 할 수 있었음에도 불구하고 하기를 원하지 않아서 중지한 때는 중지미수이고, 하려고 하였지만 할 수가 없어서 중지한 때는 장애미수이다.
라. 사회통념상 범죄수행에 장애가 될 만한 사유가 있는 경우는 장애미수이지만, 그러한 사유가 없음에도 불구하고 자기의사에 의하여 중지한 때에는 중지미수이다.
마. 범행을 중지하게 된 내심적 태도를 규범적 관점에서 평가하여 합법성으로의 회귀 또는 법의 궤도로의 회귀라고 볼 수 있으면 중지미수이다.

〈보기 2〉
A. 이 견해는 자의성과 윤리성을 혼동하고 있으며 자의성을 인정하는 범위가 지나치게 협소하다는 비판을 받고 있다. ( )
B. 이 견해에 따르면 범행당일 미리 제보를 받은 세관직원들이 범행장소 주변에 잠복근무를 하고 있어 그들이 왔다갔다 하는 것을 보고 범행이 발각될 것을 두려워한 나머지 범행을 중도에 포기한 경우에는 중지미수가 성립하지 않는다. ( )
C. 이 견해는 더 나은 범행의 기회를 잡기 위해 중지한 경우에는 중지미수가 성립하지 않는다고 본다. ( )
D. 이 견해에 대해서는 자의성과 가능성을 혼동하고 있으며 해석에 따라서는 자의성의 범위가 부당하게 확대된다는 비판이 가해진다. ( )
E. 이 견해는 강제적 장애사유가 없음에도 불구하고 자율적 동기에 의하여 중지한 때에는 자의성이 인정되지만 범인의 의사와 관계없이 사태를 현저히 불리하게 만든 장애사유 때문에 타율적으로 중지한 때에는 자의성이 인정되지 않는다고 본다. ( )

해설

가. 객관설-B
나. 주관설-A(주관설에 대한 비판), B, C
다. 프랑크의 공식-B · D(프랑크의 공식에 대한 비판)
라. 절충설-B, E
마. 규범설-B, C
* 결국 연결이 올바른 것은 가 - B, 나 - A, 다 - D, 라 - E, 마 - C 이다.

46. 甲은 평소 자신을 무시하고 학대하던 직장상사 A에 대해 원한을 품고 있었다. 어느 날 소주 2병을 마시고 심신이 미약해진 甲은 주머니에 과도를 준비하여 집어넣고

A의 동네로 가서 A를 공원으로 불러내어 A의 행동에 대해 따졌다. A를 살해하기 위해 주머니에 있는 과도를 만지작거리던 甲은 A와 대화하던 중 A도 불쌍한 인간이고, 복수는 허무한 것이라는 생각이 들었다. 甲은 A를 살해하는 것을 포기하고 귀가하였다. 甲의 죄책과 처벌에 대한 설명으로 <u>옳지 않은</u> 것은? (살인죄의 형벌은 사형, 무기 또는 5년 이상의 징역. 살인예비죄의 형벌은 10년 이하의 징역)

① 甲이 과도를 준비하고 A를 찾아가 A를 공원으로 불러낸 행위 등은 살인예비죄에 해당된다.
② 甲이 A를 살해하기 위해 주머니에 있던 과도를 만지작거린 행위만으로는 살인죄의 실행에 착수한 것이라 할 수 없다.
③ 중지미수의 자의성에 관한 어떤 견해에 의하든 甲이 자의로 범행을 중지한 것이라고 할 수 있다.
④ 甲이 살인예비행위를 했어도 살인의 실행행위는 한 것이 아니므로 제26조의 중지미수규정을 바로 적용할 수는 없다.
⑤ 제26조를 전면적으로 유추적용하자는 견해에 의하면 살인예비죄의 형벌을 감경 또는 면제해야 한다.
⑥ 판례는 甲에게 제26조를 유추적용할 수 없다고 하는데, 제26조는 실행의 착수 이후에만 적용될 수 있다는 것을 근거로 제시한다.
⑦ 제26조를 제한적으로 유추적용하자는 견해에 의하면, 살인예비죄의 형벌이 중지미수의 형벌보다 무거울 때에만 살인예비죄의 형벌을 감경 또는 면제하자고 한다.
⑧ 전면적 유추적용설에 의하면 사례에서 甲에 대한 처단형은 2년 6개월 이하의 징역 또는 면제가 된다.

①②③④ (O)

⑤⑧ (O) '<u>제26조를 전면적으로 유추적용하자는 견해</u>'란 예비의 중지에는 언제나 중지미수의 규정을 준용하여 형을 필요적으로 감면해야 하며, 예비의 중지는 기수의 중지가 아니라 예비행위의 중지이므로 <u>감면의 대상형은 예비 · 음모죄의 법정형</u>이라는 견해를 말한다(오영근; 임웅). 이와 같이 전면적 유추적용설은 예비죄의 법정형을 감경 또는 면제하므로 5년 이하의 징역 또는 면제가 된다. 그런데 사안은 甲이 심신미약상태에서 예비행위를 한 경우이므로 제10조 제2항에 의한 감경을 하면 2년 6월 이하의 징역 또는 면제가 甲의 처단형이 된다. 사안은 A를 살해하기 위한 결심을 하고 소주를 마신 것은 아니므로 제10조 제3항의 원인에 있어서 자유로운 행위에 관한 규정은 적용되지 않는다.

⑥ (O) 중지범은 범죄의 실행에 착수한 후 자의로 그 행위를 중지한 때를 말하는 것이고 실행의 착수가 있기 전인 <u>예비 · 음모의 행위를 처벌하는 경우에 있어서 중지범</u>

의 관념은 이를 인정할 수 없다[大判 1999. 4. 9, 99도424 ; 大判 1991. 6. 25, 91도436].

⑦ (X) 다수설은 중지미수의 형벌과 예비죄의 형벌을 비교하여 예비죄의 형벌이 중지미수의 형벌보다 무거운 경우에는 중지미수의 형벌을 유추적용하고 예비죄의 형벌이 중지미수의 형벌 보다 가벼운 경우에는 중지미수의 형벌을 유추적용하지 않는다는 제한적 유추적용설을 따르고 있다. 이에 의하면 예비죄의 형벌이 중지미수의 형벌보다 무거운 경우에 중지미수의 형벌을 유추적용하는바, 이때 감면의 대상형은 기수의 법정형이 된다(다수설). 따라서 '살인예비'죄의 형벌을 감경 또는 면제하는 것이 아니므로 ⑦은 잘못이다. 참고로 사안처럼 살인예비의 중지의 경우는 ㉠ 중지미수에서 형면제를 선택할 경우는 항상 중지미수규정이 준용되어 형을 면제받는다. ㉡ 중지미수에서 형감경을 선택할 경우는 살인죄 중지미수의 형은 무기 또는 2년 6개월 이상의 징역인 반면, 예비죄의 형은 10년 이하의 징역이다. 그러므로 이 경우는 중지미수의 형벌이 예비죄의 형벌보다 무겁다. 따라서 이 경우는 예비의 중지에 대해 제26조를 유추적용하지 않고 예비죄의 형벌인 10년 이하의 징역으로 처벌된다. 다만 사안은 甲이 심신미약상태이므로 심신미약감경을 한 5년 이하의 징역이 甲의 처단형이 될 것이다.

정답 ⑦

47. 甲은 강도를 하려고 흉기를 구입하였으나 자의로 범행을 포기하였다. 甲의 처벌에 대한 설명으로 옳은 것은? (강도예비죄의 형벌은 7년 이하의 징역, 강도죄의 형벌은 3년 이상의 징역)

(가) 판례에 의하면 甲에게 적용할 형벌은 7년 이하의 징역이다.
(나) 판례에 의하면 甲에게 적용할 형벌은 7년 이하의 징역 또는 면제이다.
(다) 판례에 의하면 甲에게 적용할 형벌은 3년 이상의 징역이다.
(라) 전면적 유추적용설에 의하면 甲에게 적용할 형벌은 3년 6개월 이하의 징역 또는 면제이다.
(마) 전면적 유추적용설에 의하면 甲에게 적용할 형벌은 3년 6개월 이하의 징역이다.
(바) 제한적 유추적용설에 의하면 甲에게 적용할 형벌은 3년 6개월 이하의 징역 또는 면제이다.
(사) 제한적 유추적용설에 의하면 甲에게 적용할 형벌은 7년 이하의 징역 또는 면제이다.
(아) 제한적 유추적용설에 의하면 甲에게 적용할 형벌은 3년 이상의 징역이다.

① (가), (라), (사) ② (가), (마), (사)
③ (가), (바), (사) ④ (나), (라), (아)

⑤ (나), (마), (아) ⑥ (나), (바), (아)
⑦ (다), (라), (사) ⑧ (다), (마), (아)

해설

※ 판례는 예비의 중지를 인정하지 않으므로 甲은 강도예비죄로 처벌되고, 甲에게 적용될 형벌은 7년 이하의 징역이다.

※ 전면적 유추적용설에 의하면 강도예비죄의 형인 7년 이하의 징역에 대해 형을 감면하게 되므로 甲에게 적용될 형벌은 3년 6개월 이하의 징역 또는 면제가 된다.

※ 제한적 유추적용설은 중지미수의 형벌과 예비죄의 형벌을 비교하여 예비죄의 형벌이 중지미수의 형벌보다 무거운 경우에는 중지미수의 형벌을 유추적용하고 예비죄의 형벌이 중지미수의 형벌보다 가벼운 경우에는 중지미수의 형벌을 유추적용하지 않는다고 한다. 이에 의하면, 강도죄의 중지미수의 형벌은 1년 6개월 이상 7년 6개월 이하의 징역 또는 면제이고, 강도예비죄의 형벌은 7년 이하의 징역이기 때문에 징역형의 경우 중지미수의 형벌이 예비죄의 형벌보다 무겁고, 면제의 경우 중지미수의 형벌이 예비죄의 형벌보다 가볍다. 따라서 이 견해에 의하면 예비의 중지에 대해서는 징역형에 대해서는 제26조를 유추적용하지 않고 예비죄의 형벌인 7년 이하의 징역에 처하고, 면제의 경우에는 중지미수의 형벌이 예비죄의 형벌보다 가볍기 때문에 이 때에는 중지미수의 형인 형면제를 적용해야 한다. 따라서 甲에게 적용될 형벌은 7년 이하의 징역 또는 면제가 된다.

정답 ①

48. 불능미수와 불능범의 구별기준인 위험성의 판단에 관한 〈학설〉에 관하여 〈보기1〉은 학설의 내용, 〈보기2〉는 각 학설의 문제점을 지적한 것이다. 〈학설〉과 〈보기1〉과 〈보기2〉를 연결해 보시오.

〈학설〉
A. 구객관설 B. 구체적 위험설 C. 추상적 위험설
D. 주관설 E. 인상설

〈보기1〉
(1) 행위시에 행위자가 인식한 사실을 기초로 일반인의 입장에서 위험성을 판단한다.
(2) 절대적 불능은 불능범이고 상대적 불능은 미수범으로 처벌해야 한다.
(3) 일반인의 법적 안정감이나 법적 평온상태를 교란할 것이라고 인정되면 위험성을 인정한다.
(4) 범죄의사가 확실하게 표현된 이상 미수범으로 처벌해야 한다.

(5) 행위시 행위자가 인식한 사실과 일반인이 인식할 수 있었던 사정을 종합하여 위험성을 판단한다.

〈보기1〉

㉠ 양자의 구별이 명백하지 못하다.
㉡ 미신범과 불능미수를 구별해야 할 근거와 한계가 명확하지 않다.
㉢ 행위자가 인식한 사실과 일반인이 인식한 사실이 다를 때에는 판단할 수 없다.
㉣ 주관설에 치우친 절충설이므로 불능미수를 인정할 범위가 너무 넓다.
㉤ 행위자가 잘못 인식한 경우에 왜 그것을 기초로 해야 하는가가 이해되지 않는다.

〈연결〉

A- - , B- - , C- - , D- - , E- -

A-(2)-㉠, B-(5)-㉢, C-(1)-㉤, D-(4)-㉡, E-(3)-㉣

49. 다음 학생 중 가벌적 불능미수 또는 불가벌적 불능범에 대하여 올바르게 설명하고 있는 학생을 모두 고른 것은? (다툼이 있는 경우에는 판례에 의함)

보미 : 가벌적 불능미수란 구성요건요소가 존재하지 아니함에도 불구하고 이를 존재한다고 착오한 경우라는 점에서 반전된 금지착오의 형태라고 볼 수 있다.
현정 : 가벌적 불능미수의 판단 기준에 관한 추상적 위험설에 의하면 위험성 판단은 행위자가 행위 당시에 인식한 사정을 기초로 이것이 객관적으로 일반인의 판단으로 보아 결과 발생의 가능성이 있느냐를 따져야 한다.
영준 : 소송비용을 편취할 의사로 소송비용의 지급을 구하는 손해배상청구의 소를 제기한 경우에는 사기죄의 불가벌적 불능범에 해당된다.
혜미 : 결과발생이 처음부터 불가능한 것을 알면서 행위자가 이를 실행한 경우, 위험성이 있다고 인정되면 가벌적 불능미수가 성립한다.
창수 : 일정량 이상을 먹으면 사람이 죽을 수도 있는 약초인 '부자'달인 물을 마시게 하여 피해자를 살해하려다 미수에 그친 행위는 불가벌적 불능범이 아닌 살인미수죄에 해당한다.

① 영준, 창수
② 보미, 현정, 영준
③ 현정, 영준, 창수
④ 현정, 혜미, 창수
⑤ 보미, 현정, 영준, 창수
⑥ 현정, 영준, 혜미, 창수

해설

보미 (X) 불능미수는 반전된 구성요건적 착오이다. 반전된 금지착오는 환각범이다.

현정 (O) [大判 2005. 12. 8, 2005도8105] 불능범의 판단 기준으로서 위험성 판단은 피고인이 행위 당시에 인식한 사정을 놓고 이것이 객관적으로 일반인의 판단으로 보아 결과 발생의 가능성이 있느냐를 따져야 한다.

영준 (O) [大判 2005. 12. 8, 2005도8105] 소송비용을 편취할 의사로 소송비용의 지급을 구하는 손해배상청구의 소를 제기한 경우, 사기죄의 불능범에 해당한다고 한 사례

혜미 (X) 불능미수란 행위자가 범죄의사로 실행하였으나 처음부터 결과발생이 불가능하고 다만 위험성이 있기 때문에 미수범으로 처벌되는 경우를 말한다. 따라서 불능미수의 고의도 기수의 고의여야 한다.

창수 (O) [大判 2007. 7. 26, 2007도3687] 일정량 이상을 먹으면 사람이 죽을 수도 있는 '초우뿌리'나 '부자' 달인 물을 마시게 하여 피해자를 살해하려다 미수에 그친 행위가 불능범이 아닌 살인미수죄에 해당한다고 본 사례.

정답 ③

50. 다음 정범의 개념에 관한 〈보기 1〉의 견해와 이들 견해가 기초로 하고 있는 인과관계에 관한 학설 〈보기 2〉와 그 인과관계의 학설에 대한 비판점인 〈보기 3〉이 바르게 연결된 것은 어느 것인가?

〈보기 1〉

A설: 구성요건에 해당하는 행위를 스스로 실현한 자만이 정범이고 구성요건적 행위 이외의 행위에 의하여 결과야기에 가공한 자는 정범이 될 수 없다.

B설: 구성요건적 결과의 발생에 조건을 설정한 자는 직접·간접 또는 적극적·소극적을 불문하고 모두 정범이 된다.

〈보기 2〉

Ⅰ. 행위와 결과 사이에 절대적 제약공식에 따른 형식논리적 조건관계만 있으면 인과관계를 인정하는 견해.

Ⅱ. 결과의 발생에 중요한 영향을 준 조건과 단순한 조건을 구별하여 전자를 원인이라고 하고 후자를 조건이라고 하여, 원인이 된 조건에 대하여만 결과에 대한 인과관계를 인정하는 견해.

Ⅲ. 결과를 발생시키는 것이 경험칙상 상당한 조건, 즉 결과에 상당한 조건에 대하여만 인과관계를 인정하는 견해.

Ⅳ. 인과관계와 결과귀속의 문제를 엄격히 구별하여, 인과관계의 문제는 조건설에 의해 해결하되 형법적 평가인 결과귀속여부는 구성요건에 반영된 법률적 중요성에 따라 결정하자는 견해.

Ⅴ. 인과관계를 행위와 결과 사이에 합법칙적 연관의 문제로 이해하고 행위가 시간적으로 뒤따르는 외부세계의 변화에 연결되고 합법칙적으로 결합되어 구성요건적 결과로 실현되었을 때 행위와 결과 사이에 인과관계를 인정하는 견해

〈보기 3〉

㉮ 일상적인 생활경험에 비추어 상당하다라는 판단은 지나치게 모호하여 법적 안정성을 해칠 우려가 있다.

㉯ 행위는 어떤 결과에 대해서 원인이 되느냐 안 되느냐의 하나일 뿐이고, 어떤 것은 크게 또 어떤 것은 작게 원인이 되는 것은 아니다.

㉰ 결과귀속을 위한 실질적 기준을 제시하지 못한다.

㉱ 일단 결과를 전제한 뒤 가설적 사고과정을 통해 의미 없는 조건을 제거하는 방법을 쓰고 있다는 점에서 논리적으로 모순이 있다.

㉲ 형법상 가치 없는 자연과학적 힘의 강약에 의해 원인과 조건을 구별하는 자연과학적 사고를 무비판적으로 도입하였다.

㉳ 조건들 사이에 질적 구별을 인정하지 않으므로 직접 아무 관계가 없는 조건까지도 결과에 대한 원인으로 간주하게 되어 인과관계가 긍정되는 범위가 지나치게 확대된다.

㉴ 구성요건단계에서 귀책의 범위를 제한하려고 하였으나 이는 인과관계의 문제와 결과귀속을 혼동하고 있다.

① A－Ⅰ－㉱　② A－Ⅱ－㉯
③ A－Ⅲ－㉮　④ A－Ⅳ－㉵
⑤ A－Ⅴ－㉰　⑥ B－Ⅰ－㉯
⑦ B－Ⅰ－㉴　⑧ B－Ⅱ－㉲

해설

※ 〈보기 1〉에서 A견해는 제한적 정범개념이고, B는 확장적 정범개념에 대한 설명이다.

※ 〈보기 2〉에서 Ⅰ은 조건설, Ⅱ는 원인설, Ⅲ은 상당인과관계설, Ⅳ는 중요설, Ⅴ는 합법칙적 조건설에 대한 설명이다. 그런데 A의 제한적 정범개념은 인과관계에 관한 학설 중 원인설(Ⅱ)에 기초하고 있고, B의 확장적 정범개념은 조건설(Ⅰ)에 기초하고 있다. 따라서 일단 'A－Ⅱ' 및 'B－Ⅰ'의 연결관계가 타당하다.

※ 〈보기 3〉에서 ㉮는 상당인과관계설, ㉯는 원인설, ㉰는 중요설, ㉱는 조건설, ㉲는 원인설, ㉳는 조건설, ㉴는 상당인과관계설에 대한 비판이다. 즉 조건설에 대한 비판은 ㉱㉳이고, 원인설에 대한 비판은 ㉯㉲이다.

※ 결론적으로 'A－Ⅱ－㉯㉲' 및 'B－Ⅰ－㉱㉳'의 연결관계가 정답이다.

정답 ②

51. 정범과 공범의 구별기준에 관한 甲, 乙, 丙, 丁의 견해와 a, b, c의 내용이 서로 부합되는 것은?

甲 : 자기의 범죄를 행할 의사를 가지고 행위한 자는 정범이고, 타인의 범죄를 행할 의사로 행위한 자는 공범이다.
a. 청부받아 살인을 행한 자는 정범에 해당된다.
b. 인과조건의 동가치성을 전제로 하는 조건설을 기초로 한다.
c. 간접정범과 공동정범의 정범성을 설명할 수 없는 문제점이 있다.

乙 : 범행을 지배하였다고 평가되는 자는 정범이고, 자신의 범행지배 없이 단지 범행을 야기하거나 촉진시킨 자는 공범이다.
a. 제한적 정범 개념에 기초하되, 정범 개념을 확대한다.
b. 촉탁살인은 상대방의 진지한 부탁으로 인한 행위이므로 공범에 해당한다.
c. 수단의 계획적·의식적 조종의사인 주관적 표지로만 정범과 공범을 구별한다.

丙 : 구성요건에 해당하는 행위의 전부나 일부를 직접 행한 자가 정범이고, 실행행위 이외의 방법으로 단지 조건을 제공한 자는 공범이다.
a. 제3자를 위한 사기죄를 범한 자는 공범이 된다.
b. 형법상 공범 규정은 가벌성을 확장한 형벌확장사유이다.
c. 간접정범의 정범성은 인정되지만 공동정범의 정범성이 부정되는 문제점이 있다.

丁 : 행위수행의 시간적 연관을 기준으로 하여 실행행위시에 가담하는 자는 정범이고, 그 전이나 후에 가담하는 자는 공범이다.
a. 구성요건적 행위시에 방조한 자를 공범으로 본다.
b. 간접정범의 정범성을 설명할 수 없다는 문제점이 있다.
c. 타인으로 하여금 범행을 결의하게 한 교사범을 정범으로 본다.

① 甲-a, 乙-a, 丙-b, 丁-b
② 甲-a, 乙-b, 丙-b, 丁-b
③ 甲-a, 乙-b, 丙-b, 丁-a
④ 甲-b, 乙-a, 丙-b, 丁-b
⑤ 甲-b, 乙-a, 丙-c, 丁-b
⑥ 甲-b, 乙-b, 丙-c, 丁-a
⑦ 甲-c, 乙-c, 丙-a, 丁-a
⑧ 甲-c, 乙-c, 丙-a, 丁-c

해설

✱ 정범과 공범의 구별기준에 대한 학설에는 객관설, 주관설, 행위지배설이 있다. 객관설에는 형식적 객관설, 실질적 객관설이 있고, 실질적 객관설에는 필요설(필연설), 동시설 따위가 있다. 주관설에는 의사설(고의설), 이익설(목적설)이 있다.

甲-b ; '자기의 범죄를 행할 의사(정범의사)를 가지고 행위한 자는 정범이고, 타인의 범죄를 행할 의사(공범의사)로 행위한 자는 공범이 된다'는 견해는 의사설의 입장이다. 의사설은 주관설의 하나인데 주관설은 인과관계에 관한 조건설을 전제로 객관적 요소는 모두 등가하므로 정범과 공범의 구별은 주관적 요소에 의해서만 가능하다는 견해이다.

乙-a ; '범행을 지배하였다고 평가되는 자는 정범이고, 자신의 범행지배 없이 단지 범행을 야기하거나 촉진시킨 자는 공범이다'는 견해는 행위지배설의 입장이다. 행위지배설은 제한적 정범개념에 기초를 두지만 주관적 요소를 고려하는 입장이다.

丙-b ; '구성요건에 해당하는 행위의 전부나 일부를 직접 행한 자가 정범이고, 실행행위 이외의 방법으로 단지 조건을 제공한 자는 공범이다'는 견해는 형식적 객관설의 입장이다. 형식적 객관설은 제한적 정범개념이론에 입각한 견해이다. 제한적 정범개념이론에 의하면 정범만이 원래 가벌적이므로 형법이 교사범 · 종범에 대한 처벌규정을 둔 것은 구성요건적 행위 이외의 행위까지 가벌성을 확장한 형벌확장사유가 된다.

丁-b ; '행위수행의 시간적 연관을 기준으로 하여 실행행위시에 가담하는 자는 정범이고, 그 전이나 후에 가담하는 자는 공범이다'는 견해는 실질적 객관설 중에서 동시설의 입장으로 사전가담자인 간접정범의 정범성을 설명하지 못하는 문제점이 있다.

정답 ④

52. 공범의 종속성설과 관련된 설명 중 옳은 것을 모두 고른 것은?

ㄱ. 공범종속성설에 의하면 공범은 정범이 일정한 범죄성립요건을 구비한 때에 한하여 성립한다.
ㄴ. 제한적 종속형식에 의하면 甲이 13세인 乙에게 절도행위를 교사한 경우에는 甲에게 절도교사죄가 성립될 수 없다.
ㄷ. 공범종속성설은 형법 제31조 제2항 · 제3항(기도된 교사)을 특별규정으로 이해하고 있다.
ㄹ. 공범독립성설은 형법 제33조(공범과 신분) 단서를 원칙규정으로 보며, 같은 조 본문을 예외규정으로 파악한다.
ㅁ. 甲이 乙을 교사하여 乙의 아버지의 물건을 훔쳐오게 한 경우에 극단적 종속형식에 따르면 甲에게 절도교사죄가 성립되지 않는다.
ㅂ. 공범독립성설은 자살교사 · 방조를 처벌하는 형법 제252조 제2항을 당연규정으로 파악한다.

① ㄱ, ㄷ, ㅂ　　② ㄷ, ㄹ, ㅂ
③ ㄱ, ㄴ, ㄷ, ㄹ　　④ ㄱ, ㄴ, ㄹ, ㅂ
⑤ ㄱ, ㄷ, ㄹ, ㅂ　　⑥ ㄴ, ㄷ, ㄹ, ㅁ
⑦ ㄷ, ㄹ, ㅁ, ㅂ　　⑧ ㄱ, ㄷ, ㄹ, ㅁ, ㅂ

해설

ㄱ. (O) 공범종속성설은 적어도 정범이 구성요건에 해당하는 실행행위로 나아가야만 이에 종속하여 공범이 성립할 수 있다는 견해이다.

ㄴ. (X) 제한적 종속형식에 따르면 정범의 행위가 구성요건에 해당하고 위법하면 유책하지 않은 경우에도 공범이 성립한다. 따라서 甲이 13세인 乙에게 절도행위를 교사한 경우에는 乙의 행위가 구성요건에 해당하고 위법하므로 비록 乙이 책임무능력자라 하더라도 甲에게 절도교사죄가 성립한다.

ㄷ. (O) 공범종속성설은 피교사자의 실행행위를 기준으로 실행의 착수를 논하므로 제31조 제2항, 제3항은 불가벌이지만 형법이 특별히 예비·음모에 준하여 처벌하도록 규정하고 있다고 본다.

ㄹ. (O) 공범독립성설은 공범은 독립된 범죄이므로 교사·방조행위가 있으면 정범의 실행행위가 없더라도 공범이 성립할 수 있다는 견해이다. 따라서 신분의 개별성을 규정한 제33조 단서를 원칙규정으로 보고, 신분의 연대성을 규정한 제33조 본문을 예외규정으로 본다.

ㅁ. (X) 극단적 종속형식에 따르면 정범의 행위가 구성요건에 해당하고 위법·유책할 경우에 공범이 성립한다. 乙의 절도행위는 구성요건에 해당하고 위법·유책하므로 甲에게는 절도교사죄가 성립한다. 친족상도례는 인적처벌조각사유이므로 정범의 행위에 공범이 종속되는지 여부에 대해 아무런 영향을 미치지 못한다.

ㅂ. (O) 공범독립성설은 공범은 독립된 범죄이므로 교사·방조행위가 있으면 정범의 실행행위가 없더라도 공범이 성립할 수 있다는 견해이다. 따라서 범죄가 아닌 자살에 가공한 행위를 처벌하는 것은 형법이 공범독립성설을 취하고 있다는 것을 보여주는 실정법적 근거가 된다고 한다.

정답 ⑤

53. 〈보기 1〉은 공범의 처벌근거에 관한 학설과 비판에 대한 내용이다. 괄호 안에 들어갈 단어들을 〈보기 2〉에서 골라 넣을 때 올바르게 연결된 것은?

〈보기 1〉

Ⅰ. (　가　)은, 공범의 처벌근거는 정범의 구성요건적 법익침해를 야기하거나 촉진했다는 점에 있지만, 공범은 실행행위를 하지 않았으므로 공범의 불법은 그 근거와 정도에 있어서 모두 정범의 불법에 종속된다는 견해이다. 그러나 이 견해는 공범의 (　나　)는 교사·방조행위 그 자체에 있으므로 정범의 모든 불법에 종속한다는 것은 부당하고 정범의 실행행위가 없는 기도된 교사의 처벌근거와 불가벌적 필요적 공범 및 함정수사의 불가벌성을 만족스럽게 설명해 주지 못한다는 비판을 받는다.

Ⅱ. (　다　)에는 공범의 불법이 일부는 정범의 행위에서 일부는 자신의 독자적인 법익침해에서 도출된다고 함으로써 공범은 종속적이지만 동시에 독립된 법익침해성을 내포하고 있다는 (　라　)과 공범의 불법 중 행위반가치는 공범 자신의 교사·방조행위에서 독립적으로 인정되고 결과반가치는 정범에 종속한다는 (　마　)이 있다. 그러나 이 견해는 상반된 입장인 (　바　)과 종속적 야기설의 타협을 시도하기 때문에 순수한 야기설의 단점을 그대로 안고 있다는 문제가 있다.

〈보기 2〉

A. 책임가담설　　B. 불법가담설
C. 순수한 야기설　　D. 종속적 야기설
E. 혼합적 야기설　　F. 종속적 법익침해설
G. 행위반가치　　H. 결과반가치
I. 행위반가치·결과반가치 구별설

① 가-B 나-F 다-A 라-H 마-D 바-G
② 가-C 나-A 다-D 라-F 마-B 바-E
③ 가-D 나-G 다-E 라-F 마-I 바-C
④ 가-A 나-F 다-H 라-B 마-I 바-E
⑤ 가-F 나-C 다-H 라-G 마-E 바-D
⑥ 가-I 나-B 다-C 라-G 마-E 바-F
⑦ 가-E 나-A 다-H 라-D 마-G 바-I
⑧ 가-C 나-D 다-E 라-F 마-B 바-A

해설

Ⅰ. (가-D,종속적 야기설)은, 공범의 처벌근거는 정범의 구성요건적 법익침해를 야기하거나 촉진했다는 점에 있지만, 공범은 실행행위를 하지 않았으므로 공범의 불법은 그 근거와 정도에 있어서 모두 정범의 불법에 종속된다는 견해이다. 그러나 이 견해는 공범의 (나-G,행위반가치)는 교사·방조행위 그 자체에 있으므로 정범의 모든 불법에 종속한다는 것은 부당하고 정범의 실행행위가 없는 기도된 교사의 처벌근거와 불가벌적 필요적 공범 및 함정수사의 불가벌성을 만족스럽게 설명해 주지 못한다는 비판을 받는다.

Ⅱ. (다-E,혼합적 야기설)에는 공범의 불법이 일부는 정범의 행위에서 일부는 자신의 독자적인 법익침해에서 도출된다고 함으로써 공범은 종속적이지만 동시에 독립된 법익침해성을 내포하고 있다는 (라-F,종속적 법익침해설)과 공범의 불법 중 행위반가치는 공범 자신의 교사·방조행위에서 독립적으로 인정되고 결과반가치는 정범에 종속한다는 (마-I,행위반가치·결과반가치 구별설)이 있다. 그러나 이 견해는 상반

된 입장인 (바-C,순수한 야기설)과 종속적 야기설의 타협을 시도하기 때문에 순수한 야기설의 단점을 그대로 안고 있다는 문제가 있다.

정답 ③

54. 다음 중 간접정범이 성립하는 경우를 모두 선택하면?

A. 甲女는 심신미약자인 乙男을 사주하여 丙女를 강간하도록 하였다.
B. 의사 甲은 까다롭게 구는 환자 乙을 골탕을 먹이기 위하여 설사약이 들어있는 주사기를 간호사 丙에게 주어 乙에게 주사하도록 한 결과 乙은 며칠 동안 심한 설사로 고생하였다.
C. 甲이 乙의 재물을 손괴할 의사로 행인 丙의 옆으로 자기 자동차를 밀어붙이자, 놀란 丙이 피하려다 乙의 점포의 상품을 손괴하였다.
D. 甲은 乙도 丙이 회사공금을 횡령하지는 않았다는 것을 알 것이라고 생각했지만 평소 甲과 乙에게 비협조적인 丙을 혼내주는 데 동의하리라고 생각하고서 丙을 횡령혐의로 고소하도록 부탁하였다. 그러나 乙은 丙의 횡령사실을 진실이라고 믿고 경찰서에 고소장을 제출하였다.
E. 甲은 앞에 가던 乙을 갑자기 세게 밀어 丁에게 충돌케 함으로써 丁이 부상을 입었다.
F. 조직폭력배 甲이 말을 듣지 않으면 아킬레스건을 끊어버리겠다고 협박하면서 증인 乙에게 법정에서 허위진술을 하도록 강요하자, 이에 乙은 어쩔 수 없이 위증을 하였다.

① A, B　　② B, C
③ B, C, D　　④ C, D, E
⑤ B, C, F

해설

A. [불성립] 간접정범은 어느 행위로 인하여 처벌되지 아니하는 자 또는 과실범으로 처벌되는 자를 교사 또는 방조하여 범죄행위의 결과를 발생하게 한 경우에 성립한다(제34조 제1항). 그런데 심신미약자는 책임무능력자가 아니라 한정책임능력자로서 책임이 감경되기는 하지만 '처벌되는 자'이다. 따라서 이를 이용할 경우에는 간접정범이 아니라 교사범이 성립한다.

B. [성립] 간호사 丙은 주사기에 설사약이 들어있다는 점을 인식하지 못했으므로 상해의 고의가 인정되지 않는다. 그러나 의사 甲은 丙의 처벌되지 않는 행위를 이용하여 乙에게

상해를 가하였으므로 상해죄의 간접정범이 성립한다.

C. [성립] 丙의 긴급피난행위를 이용한 손괴죄의 간접정범이 성립한다.

D. [불성립] 이용자가 피이용자에게 고의가 있는 것으로 알고 교사하였으나 사실은 고의가 없었던 경우이다. 이 경우에 이용자는 피이용자에 대한 의사지배의 고의 없이 단지 교사의 고의로 행위한 것이므로 공범, 즉 무고죄의 교사범이 성립한다(다수설).

E. [불성립] 乙을 물적 도구로 이용한 경우이므로 직접정범이 성립한다.

F. [불성립] 위증죄는 자수범이므로 간접정범이 성립할 수 없고 교사범이 성립한다.

정답 ②

55. 다음은 승계적 공동정범의 성립범위에 대한 甲과 乙의 대화의 내용이다. 甲과 乙의 입장에 부합하는 내용이 되도록 ㄱ－ㅁ에 甲 또는 乙의 기호를 쓰시오.

甲 : 후행자가 이미 이루어진 사정을 이용하여 실행한 경우 선행자의 가담이전의 행위를 이용하였다는 점을 간과한 乙의 입장은 타당성이 없다.

乙 : 행위지배설에 의하면 후행자에게 선행자가 이미 실행한 부분에 대하여 행위지배의 요소인 실현의사가 있었다고 볼 수 없으므로 甲의 입장은 부당하다.

ㄱ. 의사연락이 전체행위의 어느 시점에서 있었는지는 문제되지 않으므로 후행자도 전체범죄에 대한 공동정범의 책임을 져야 한다. ( )

ㄴ. 공동실행의 의사는 소급될 수 없다고 본다. ( )

ㄷ. 행위지배설의 입장에서는 설명하기 곤란하다는 비판을 받는다. ( )

ㄹ. 자기책임의 원칙과 조화될 수 없다는 비판을 받는다. ( )

ㅁ. 선행자가 이미 실현한 행위부분과 후행자의 행위기여 사이에는 인과관계가 없다고 본다. ( )

해설

❋ 승계적 공동정범의 경우 후행 가담자의 귀책범위와 관련하여 甲은 후행자가 선행자에 의해서 이미 이루어진 사정을 이용하였다는 점을 간과하였다고 乙을 비판하므로 甲은 적극설이고, 乙은 행위지배설을 이론적 기초로 선행자가 이미 실행한 부분에 대하여 후행자의 행위지배를 인정할 수 없다는 것을 근거로 적극설인 甲을 비판하므로 乙은 소극설이다.

적극설은 ㄱ. 의사연락이 전체행위의 어느 시점에서 있었는지는 문제되지 않으므로 후행자도 전체범죄에 대한 공동정범의 책임을 져야 한다고 하지만, ㄷ. 행위지배설의 입장에서는 후행자가 가담하기 전에 선행자가 단독으로 실행한 부분에 대해 상호양해에 의한 역할분담이 없으므로 전체범죄에 대해 공동정범을 인정하는 이유를 설명하기 곤란하고, ㄹ. 자기행위로 인하여 인과관계를 형성하지도 못한 가담 이전의 실행행위부분까지 공동정범을 인정하는 것은 자기책임의 원칙과 조화될 수 없다는 비판을 받는다.

소극설은 행위지배설을 이론적 기초로 ㄴ. 공동실행의 의사는 소급될 수 없으므로 선행자가 단독으로 이미 실행한 부분에 대해서는 의사연락을 인정할 수 없고, 나아가 객관적 요건인 역할분담도 인정할 수 없을 뿐 아니라, ㅁ. 선행자가 이미 실현한 행위부분과 후행자의 행위기여 사이에는 인과관계가 없으므로 개인책임 · 자기책임원칙상 가담 이전의 행위부분에 대해서는 공동정범이 될 수 없다고 한다.

甲-ㄱ. ㄷ. ㄹ.과 乙-ㄴ. ㄹ.이 옳은 연결이다.

56. 동시범에 대한 설명으로 옳은 것(O)과 옳지 않은 것(X)을 바르게 연결한 것은?

(가) 행위자 사이에 의사연락이 없는 여러 사람의 행위가 결과발생에 관계된 경우를 말하는 것으로서 독립행위의 경합이라고도 한다.
(나) 공동정범에서는 부분실행 전체책임의 원리가 지배하지만, 동시범에서는 원칙적으로 개인책임의 원리가 지배한다.
(다) 상해죄의 동시범에서는 동시범 전원이 공동정범이 되므로 '부분실행 전체책임'이라는 원리가 지배한다.(다수설에 의함)
(라) 독립된 과실행위가 경합하여 상해의 결과를 발생시켰으나 원인된 행위가 판명되지 아니한 때에는 전원을 무죄로 한다.(다수설에 의함)
(마) 상해죄의 동시범에서 그 행위들에 의해 결과가 발생하였다는 것 자체가 인정되지 않을 경우에는 전원을 무죄로 한다.
(바) 행위공동설에 의하면 범죄공동설에 비해 동시범의 성립범위도 넓어진다.
(사) 동시에 행위가 이루어진 경우가 아니라 시간적 간격을 두고 행위가 이루어진 경우에도 동시범이 될 수 있다.

① (가)(O), (나)(O), (다)(O), (라)(O), (마)(O), (바)(O), (사)(O)
② (가)(X), (나)(X), (다)(X), (라)(X), (마)(X), (바)(X), (사)(X)
③ (가)(O), (나)(O), (다)(X), (라)(O), (마)(X), (바)(X), (사)(O)
④ (가)(O), (나)(X), (다)(X), (라)(O), (마)(X), (바)(X), (사)(O)
⑤ (가)(X), (나)(O), (다)(X), (라)(O), (마)(X), (바)(X), (사)(O)
⑥ (가)(O), (나)(X), (다)(X), (라)(X), (마)(X), (바)(X), (사)(O)
⑦ (가)(O), (나)(O), (다)(O), (라)(O), (마)(X), (바)(O), (사)(O)
⑧ (가)(X), (나)(O), (다)(X), (라)(O), (마)(X), (바)(O), (사)(O)

해설

※ ㈐㈑㈒가 틀리며, 나머지는 모두 옳다.

(가)(나) (O)

(다) (X) 상해죄의 동시범은 단독정범이고 다만 공동정범의 예에 의해 처벌될 뿐이므로 동시범이 공동정범이 되는 것은 아니다(다수설).

(라) (O) 판례는 제263조가 강도상해 · 치상죄, 강간상해 · 치상죄, 과실치사상죄 등 상해 · 폭행죄와 보호법익을 달리하는 죄에는 적용될 수 없다고 한다[大判 1984. 4. 24, 84도372]. 따라서 독립된 과실행위가 경합하여 상해의 결과를 발생시켰으나 원인된 행위가 판명되지 아니한 때에는 제19조의 원칙으로 돌아가 각자 미수범으로 처벌되나 과실범에는 미수범 처벌 규정이 없으므로 전원을 무죄로 하여야 한다.

(마) (X) 고의상해행위가 있었던 것은 분명하므로 전원을 상해미수죄로 벌한다.

(바) (X) 공동정범과 동시범의 성립범위는 서로 반비례의 관계에 있다. 예를 들어 행위공동설에서는 과실범의 공동정범, 고의범과 과실범의 공동정범, 다른 종류의 범죄 사이의 공동정범을 인정하지만, 범죄공동설에서는 공동정범을 인정하지 않으므로 이 경우에는 동시범이 문제된다. 따라서 범죄공동설에 의하면 행위공동설에 비해 동시범의 성립범위가 넓어진다. 따라서 행위공동설이 범죄공동설보다 동시범의 성립범위를 좁게 인정하게 된다.

(사) (O) 독립행위의 경합(동시범)에서 다수인의 행위는 반드시 동시에 행해질 필요는 없고 이시라도 상관없으며, 반드시 동일한 장소에서 행해짐을 요하지 않는다.

정답 ③

57. 甲과 乙은 A를 살해하기 위해 총을 쏘았다. 甲의 총알은 빗나가고 乙의 총알이 명중하여 A가 사망하였다. 甲, 乙의 죄책에 대한 설명으로 옳은 것을 모두 묶은 것은?

(가) 甲, 乙 사이에 의사의 연락이 있었으면 甲, 乙 모두 살인기수죄의 공동정범의 죄책을 진다.
(나) 甲, 乙 사이에 의사의 연락이 있었으면 甲, 乙 모두 살인기수죄의 단독정범이 된다.
(다) 甲, 乙 사이에 의사의 연락이 없었으면 甲은 살인미수, 乙은 살인기수죄의 단독정범의 죄책을 진다.
(라) 甲, 乙 사이에 의사의 연락이 없었으면 甲은 살인미수, 乙은 살인기수의 공동정범의 죄책을 진다.
(마) 甲, 乙 사이에 의사의 연락이 있든 없든 甲은 살인미수의 죄책을 진다.
(바) 甲, 乙 사이에 의사의 연락이 있든 없든 乙은 살인기수의 죄책을 진다.

① (가), (다), (마) ② (나), (라), (바)
③ (가), (다), (바) ④ (나), (라), (마)
⑤ (가), (다), (마), (바)

해설

㈎ (O) ㈏ (X) 먼저 甲과 乙에게 의사연락이 있는 경우 공동정범이 되어 甲, 乙 모두 살인기수죄의 죄책을 진다. 따라서 ㈎는 옳고 ㈏는 옳지 않다.

㈐ (O) ㈑ (X) 다음으로 甲, 乙 사이에 의사의 연락이 없는 경우 동시범이 되어 개별적으로 책임이 정해지게 된다. 甲의 총알은 빗나갔으므로 살인미수죄의 단독정범, 乙의 총알이 명중하였으므로 乙은 살인기수죄의 단독정범의 죄책을 진다. 따라서 ㈐는 옳고 ㈑는 옳지 않다.

㈒ (X) ㈓ (O) 결국 甲은 의사의 연락이 있으면 살인기수, 의사의 연락이 없으면 살인미수의 죄책을 지고, 乙은 의사의 연락이 있든 없든 살인기수의 공동정범 혹은 단독정범의 죄책을 진다. 따라서 ㈒는 옳지 않고 ㈓는 옳다.

정답 ③

58. 다음 〈사례〉의 Ⓐ~Ⓓ에 들어 갈 죄책을 〈보기〉의 ⓐ~ⓓ에서 찾고자 한다. 판례의 입장을 따를 때, 올바르게 조합한 것은?

〈사례〉
甲과 乙은 의사연락 없이 동시에 A에게 발포하였고 A는 사망하였다. 그런데 A가 누구의 총알을 맞고 사망한 것인지 판명되지 않은 경우, (1) 甲은 살해의 의사를 乙은 상해의 의사를 가지고 있었을 때에는 甲은 (□살인미수죄/살인죄), 乙은 (□상해치사죄/상해죄)에 해당하고 (2) 甲과 乙이 모두 살해의 의사를 가지고 있었을 때에는 甲은 (□살인미수죄/살인죄/상해치사죄), 乙은 (□살인미수죄/살인죄/상해치사죄)에 해당한다.

〈보기〉
ⓐ살인죄 ⓑ살인미수죄 ⓒ상해죄 ⓓ상해치사죄

① Ⓐ-ⓐ, Ⓑ-ⓓ, Ⓒ-ⓐ, Ⓓ-ⓐ
② Ⓐ-ⓐ, Ⓑ-ⓒ, Ⓒ-ⓑ, Ⓓ-ⓑ
③ Ⓐ-ⓑ, Ⓑ-ⓒ, Ⓒ-ⓓ, Ⓓ-ⓓ
④ Ⓐ-ⓑ, Ⓑ-ⓒ, Ⓒ-ⓑ, Ⓓ-ⓑ
⑤ Ⓐ-ⓑ, Ⓑ-ⓒ, Ⓒ-ⓐ, Ⓓ-ⓐ
⑥ Ⓐ-ⓑ, Ⓑ-ⓓ, Ⓒ-ⓓ, Ⓓ-ⓓ
⑦ Ⓐ-ⓑ, Ⓑ-ⓓ, Ⓒ-ⓐ, Ⓓ-ⓐ
⑧ Ⓐ-ⓑ, Ⓑ-ⓓ, Ⓒ-ⓑ, Ⓓ-ⓑ

해설

※ 상해죄의 동시범 특례(형법 제263조)는 상해치사죄에 대해 적용된다는 것이 판례의 입장이다(大判 84도2118). 따라서 (1)의 乙에게는 상해치사죄가 인정된다. 하지만 나머지의 경우에는 형법 제19조가 적용되므로 모두 미수의 죄책을 지게 될 뿐이다.

정답 ⑧

59. 다음 사례와 관련된 설명으로 옳은 것으로만 모두 묶은 것은?(다툼이 있는 경우 판례에 의함)

산에서 甲과 乙은 사냥총을 가지고 丙을 향해 총을 발사하여 그 중의 한 발은 명중하지 않고 다른 한 발은 丙의 가슴에 명중하여 이로 인해 丙이 사망하였는데, 丙의 가슴에 명중한 총알이 누가 쏜 것인지가 판명되지 아니하였다.

A. 만약 甲과 乙이 공동으로 丙을 살해할 의사로 총을 발사한 경우라면 甲과 乙은 모두 살인죄의 죄책을 진다.
B. 만약 甲이 혼자서 丙을 살해하기 위하여 총을 발사하였는데 이를 몰래 지켜보고 있던 乙이 甲을 도와 丙을 살해할 의사로서 총을 발사한 경우라면 甲과 乙은 모두 살인죄의 죄책을 진다.
C. 만약 甲과 乙이 아무런 의사연락 없이 각각 총을 발사한 경우라면 甲과 乙 모두 살인죄의 미수범의 죄책을 진다.
D. 만약 甲과 乙이 丙을 산짐승으로 오인하고 산짐승을 사냥하기 위해 총을 발사한 경우라면 甲과 乙은 모두 과실치사죄의 죄책을 진다.
E. 만약 甲이 丙을 살해할 의도를 가지고 乙에게 "저기 산짐승이 있다. 함께 총을 발사하자"고 말하고, 甲과 乙이 함께 丙을 향해 총을 발사한 경우라면 甲은 살인죄 그리고 乙은 과실치사죄의 죄책을 진다.
F. 만약 甲과 乙이 단순히 丙을 상해할 의사로 공동으로 총을 발사한 경우라면 甲과 乙은 상해치사죄의 공동정범의 죄책을 진다.
G. 만약 甲과 乙이 서로 의사연락 없이 각각 丙을 상해할 의사로 공동으로 총을 발사한 경우라면 甲과 乙은 각각 상해죄의 죄책을 질 따름이다.

① A, C, E, F, G
② A, C, D, F, G
③ A, C, D, E, F
④ B, D, E, F, G
⑤ B, C, D, F, G

⑥ A, B, D, E, F
⑦ A, B, C, D, E, F
⑧ A, B, C, D, E, F, G

해설

A. (O) 공동정범관계에서는 甲과 乙 중 한사람이 쏜 총알에 의해 丙이 사망한 것이라면 甲과 乙은 모두 살인죄의 죄책을 진다.

B. (X) 판례[大判 1985. 5. 14, 84도2118]는 편면적 공동정범을 인정하지 않으므로 이 경우에는 동시범이 되고 따라서 제19조가 적용되어 각자를 미수범으로 처벌해야 한다.

C. (O) 의사연락이 없다면 동시범이 되고 제19조가 적용되어 각자 살인죄의 미수범으로 처벌된다.

D. (O) 판례는 과실범의 공동정범을 인정하고 있으므로 이 경우에는 甲과 乙 모두 과실치사죄의 공동정범의 죄책을 진다.

E. (O) 고의범과 과실범 사이의 공동정범이 성립할 수 있는가와 관련이 되어 있다. 판례는 행위공동설의 입장을 취하고 있으므로 판례의 입장에 따르면 고의범과 과실범 사이의 공동정범이 성립할 수 있고, 따라서 甲과 乙은 모두 결과에 대한 책임을 진다.

F. (O) 판례는 결과적 가중범의 공동정범을 인정하고 있으므로 甲과 乙은 모두 상해치사죄의 죄책을 진다.

G. (X) 판례[大判 2000. 7. 8, 2000도2466]는 상해치사죄에 대해서도 동시범의 특례를 인정하므로 甲과 乙은 모두 상해치사죄의 죄책을 진다.

정답 ③

60. 다음 각 사례의 경우에 甲에게 교사범을 인정하기 어려운 경우를 모두 고르면 어느 것인가? (다툼이 있는 경우에는 다수설에 의함)

〈사례〉

a. 甲이 이미 흉기를 휴대하고 특수강도를 결심하고 있는 乙을 설득하여 乙이 단순강도죄를 범하도록 한 경우

b. 甲이 乙에 대하여 丙을 구타하라고 교사하였으나 乙은 직접 실행하지 않고 다시 丁으로 하여금 戊를 교사하여 丙을 구타하게 하여 丙이 상해를 입은 경우

c. 甲이 자기 아들이 타인에게 절도를 교사하는 것을 보고도 그대로 방치하여 그 타인이 절도를 한 경우

d. 甲이 乙에게 乙의 처의 간통현장을 알려줌으로써 처의 간통현장을 목격하고 흥분한 乙을 통하여 乙의 처를 폭행하려는 목적을 달성한 경우

e. 경찰관 甲이 범의가 없는 乙에게 마약을 팔면 고가로 사주겠다고 한 후 乙이 甲에게 마약을 내주려 하자 경찰관 丙이 乙을 체포한 경우
f. 甲이 丙의 금고가 비어 있는 줄 알면서 乙에게 丙의 금고에서 보석을 절취하도록 사주한 경우
g. 甲이 乙에게 丙의 집에 값비싼 골동품이 있으니 훔쳐오라고 교사하여 놓고, 경찰관과 잠복하고 있다가 절취하여 나오는 乙을 체포한 경우
h. 강도를 범한 甲이 乙에게 증거가 될 만한 물건들을 태워버리라고 시킨 경우

① b, d, g, h ② b, c, d, e, f, h
③ a, c, d, e, f, h ④ a, c, d, e, f
⑤ a, d, e, f, g, h ⑥ c, d, e, f, h
⑦ c, e, g, h ⑧ c, e, f, h

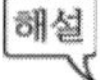

a. (X) 중한 범죄를 결심한 자에게 경한 범죄를 실행하도록 한 경우에는 위험감소이므로 객관적 귀속이 부정되어 교사는 성립할 수 없고 방조는 가능하다.

b. (O) 간접교사도 직접교사자의 교사행위 및 실행행위 사이에 인과관계가 있는 한 간접교사에 대한 가벌성이 인정된다고 보는 것이 통설과 판례[大判 1974. 1. 29, 73도3104]의 태도이다.

c. (X) 부작위는 피교사자에게 현실적으로 아무런 물리적 · 심리적 작용도 할 수 없기 때문에 부작위에 의한 교사는 인정될 수 없다.

d. (X) 단순히 범죄를 유발할 수 있는 상황을 만든 것에 불과한 경우에는 교사행위가 될 수 없다.

e. (X) 교사자의 고의는 구성요건적 결과를 실현할 의사 즉 기수의 고의여야 하는데 함정수사는 기수의 고의가 없고 단순히 미수에 그치게 할 의사만 있으므로 교사범이 될 수 없다.

f. (X) 피교사자의 행위가 미수에 그칠 것을 예견하면서 교사한 미수의 교사이다. 따라서 교사의 고의가 없기 때문에 교사범이 성립하지 않는다.

g. (O) 피교사자의 행위가 기수로 될 것을 인식하고 교사하여 기수로 된 단계에서 체포한 경우이다. 따라서 절도가 기수로 된 후에 체포한 경우이므로 甲은 절도죄의 교사범이 성립한다.

h. (X) 판례는 이 경우 증거인멸교사를 인정한다. 그러나 다수설에 따르면 정범이 될 수 없는 자의 교사행위인 자기사건의 증거인멸교사는 자기비호의 연장일 뿐이므로 자기형사사건에 대한 증거인멸교사죄는 성립될 수 없다.

정답 ③

61. 교사범에 관한 다음의 기술 중 타당한 것을 모두 묶은 것은? (통설에 의한다)

가) 부작위에 의한 교사도 교사범으로서 처벌될 수 있다.
나) 과실범에 대한 교사는 교사범의 예에 의하여 처벌될 수 있다.
다) 과실에 의한 교사도 교사범으로서 처벌될 수 있다.
라) 2인에 의한 공동교사도 교사범으로서 처벌될 수 있다.
마) 협의의 교사의 미수는 정범이 미수에 그친 것을 의미하고 이 경우 교사자는 형법 제31조 제1항에 의하여 미수로 처벌된다.
바) 교사자를 교사한 간접교사도 정범에 대한 교사범으로서 처벌될 수 있다.
사) 편면적 교사도 교사범으로서 처벌될 수 있다.
아) 막연히 죄를 범하라고 한 범죄일반의 교사도 교사범으로서 처벌될 수 있다.

① 가), 라), 마), 바) ② 다), 라), 마), 바)
③ 나), 라), 바), 사) ④ 나), 라), 마), 사)
⑤ 나), 다), 마), 아) ⑥ 나), 라), 마), 바)
⑦ 나), 라), 마), 아) ⑧ 가), 라), 바), 사)

해설

※ 옳은 것 : 나), 라), 마), 바)
※ 틀린 것 : 가), 다), 사), 아)

가), 다), 사) (X) 부작위에 의한 교사, 과실에 의한 교사, 편면적 교사는 교사라고 하는 개념 자체와 상용되지 않는다고 해석된다(통설).

나) (O) 과실범에 대한 교사는 간접정범이 성립하지만, 간접정범은 교사·방조의 예에 따라 처벌된다(제34조 제1항).

라) (O) 수인의 교사자 상호간에 공동의사에 의한 기능적 행위지배가 인정되면 이 경우에도 교사가 성립한다.

마) (O)

바) (O) 교사자의 교사행위는 정범에게 범죄의 결의를 가지게 하는 것을 말하는 것으로서, 그 범죄를 결의하게 할 수 있는 것이면 그 수단에는 아무런 제한이 없고, 반드시 명시적·직접적 방법에 의할 것을 요하지 아니한다[大判 2000. 2. 25. 99도1252]. 甲이 丙에게 범죄를 저지르도록 요청한다 함을 알면서 乙이 甲의 부탁을 받고 甲의 요청을 丙에게 전달하여 丙으로 하여금 범의를 야기케 하는 것은 교사에 해당한다[大判 1974. 1. 29. 73도3104].

아) (X) 막연한 범죄의 교사는 선동은 될지언정 교사범의 성립은 부정된다. [관련판례] 막연히 "범죄를 하라"거나 "절도를 하라"고 하는 등의 행위만으로는 교사행위가 되기에 부족하다 하겠으나, 타인으로 하여금 일정한 범죄를 실행할 결의를 생기게 하는 행

위를 하면 되는 것으로서 교사의 수단·방법에 제한이 없다 할 것이므로, 교사범이 성립하기 위하여는 범행의 일시, 장소, 방법 등의 세부적인 사항까지를 특정하여 교사할 필요는 없는 것이고, 정범으로 하여금 일정한 범죄의 실행을 결의할 정도에 이르게 하면 교사범이 성립된다[大判 1991. 5. 14. 91도542].

정답 ⑥

62. 공범의 착오에 관한 다음 설명 중 옳지 않은 것을 모두 고른 것은? (다툼이 있으면 판례에 의함)

㉠ 甲은 乙을 교사하여 폭행하게 하였던 바, 丙이 그로 인하여 사망한 경우에 乙의 폭행과 丙의 사망 사이에 인과관계가 인정되고 甲이 그 사망을 예견할 수 있었다면 甲은 폭행치사죄의 교사범의 책임을 진다.
㉡ 甲은 乙에게 丙의 집에 방화하도록 시켰으나 乙은 丙의 집에 가서 살인을 했을 경우, 甲은 무죄이다.
㉢ 甲과 乙은 乙이 丙女를 강간하는 동안 甲은 망을 보아주기로 공모한 후, 甲은 乙이 丙녀를 강간하는 줄 알고 망을 보아주었는데 乙이 丁女를 丙녀로 착오하여 강간한 경우, 甲은 丁녀에 대한 성폭력범죄의처벌및피해자보호등에관한법률상의 특수강간죄의 정범으로 처벌된다.
㉣ 甲은 乙에게 절도를 교사하였는 바 乙이 丙女를 강간한 경우, 甲은 무죄이다.
㉤ 甲이 乙에게 강도를 교사하였으나 乙이 절도죄를 범한 경우, 甲은 강도의 예비·음모의 형으로 처벌된다.
㉥ 상해를 교사하였으나 피교사자에 의해 상해를 입은 피해자가 사망한 경우, 피교사자에게 피해자의 사망에 대한 예견가능성이 인정되는 한 교사자도 상해치사죄의 죄책을 진다.

① ㉠ ㉡ ㉣ ㉤　　② ㉢ ㉣ ㉥
③ ㉡ ㉢ ㉥　　④ ㉡ ㉢
⑤ ㉡ ㉣ ㉥　　⑥ ㉡
⑦ ㉥　　⑧ ㉡ ㉥

해설

㉠ (O) 양적 초과의 예로서 실행한 범죄와 교사한 범죄가 동질이지만 그 정도를 초과한 경우이다. 이 경우 교사자는 원칙적으로 초과부분에 대해서 책임을 지지 않고 교사한 범죄의 교사범으로 처벌된다. 그러나 피교사자가 중한 범죄 또는 결과적 가중범을 실현하였고 교사자에게 중한 결과에 대하여 과실이 있는 때에는 결과적 가중범의 교사범이 성립한다.

ⓛ (X) 질적 초과의 예로서 甲은 살인에 대한 교사범은 성립하지 않으나, 교사한 범죄인 방화죄는 예비 · 음모의 처벌규정이 있으므로 방화예비 · 음모죄로 처벌된다.

ⓒ (O) 공동정범이 성립하기 위하여는 반드시 공범자간에 사전모의가 있어야 하는 것은 아니며, 암묵리에 서로 협력하여 공동의 범의를 실현하려는 의사가 상통하면 공모가 있다할 것이고 공모가 있는 이상 반드시 각 범행의 실행을 분담할 것을 요하지 아니하고, 단순히 망을 보았어도 공동정범의 책임을 면할 수 없다[大判 1982. 10. 26, 82도1818]. 또한 공동정범 중 1인의 구성요건을 같이하는 객체의 착오는 다른 공동정범자의 고의에는 영향이 없다. 사안은 2인 이상이 공동하여 강간한 경우이므로 특수강간에 해당한다.

ⓔ (O) 질적 초과의 예로서 피교사자가 교사받은 범죄와 전혀 이질적인 범죄를 실행한 경우이다. 질적 초과가 본질적인 경우에는 실행한 범죄에 대해서는 교사범이 성립하지 않고, 효과 없는 교사(제31조 제2항)로서 교사한 범죄의 예비 · 음모의 처벌규정이 있는 경우에 한하여 교사한 범죄의 예비 · 음모로 처벌된다. 따라서 실행한 범죄인 강간에 대해서는 교사범이 성립하지 않고 교사한 범죄인 절도는 예비 · 음모의 처벌규정이 없으므로 甲은 무죄이다.

ⓜ (O) 교사내용에 미달한 경우로서 교사한 범죄의 실행의 착수가 없는 경우이다. 교사한 범죄의 예비 · 음모의 처벌규정이 있는 경우에는 교사자가 교사한 범죄의 예비 · 음모와 피교사자가 실행한 범죄의 교사범의 상상적 경합이 성립하고 , 이 때 예비 · 음모의 형이 중할 경우에는 예비 · 음모의 책임을 진다. 따라서 甲에게는 절도교사와 강도예비 · 음모가 성립하나 양죄는 상상적 경합에 해당되어 형이 중한 강도 예비 · 음모에 의하여 처벌된다.

ⓑ (X) "피교사자"에게 피해자의 사망에 대한 예견가능성이 인정되는 경우가 아니라, "교사자"에게 피해자의 사망에 대한 예견가능성이 인정되어야만 교사자에게 상해치사죄의 죄책을 지울 수 있다[大判 2002. 10. 25, 2002도4089 등].

정답 ⑧

63. 형법 제33조의 해석을 "본문은 진정신분범의 공범성립과 과형에 관한 규정이고, 단서는 부진정신분범의 공범성립과 과형에 관한 규정으로 본다."는 견해에 의할 때 甲에게 성립되는 죄명의 연결이 옳은 것으로만 고른 것은?

㉮ 甲은 乙를 교사하여 甲의 父인 丙을 살해하게 하였다. - 보통살인죄의 교사범
㉯ 妻 甲이 아들과 공동하여 남편을 살해하였다. - 존속살해죄의 공동정범
㉰ 甲이 乙을 교사하여 乙의 父인 丙을 살해하였다. - 보통살인죄의 교사범
㉱ 甲이 직계존속인 乙의 영아살해에 가담하였다. - 영아살해죄
㉲ 甲이 친구 乙과 함께 乙의 父인 丙을 살해하였다. - 보통살인죄
㉳ 공무원이 아닌 甲이 공무원인 乙에게 수뢰를 교사하였다. - 수뢰죄의 교사범

㉳ 공무원이 아닌 甲이 공무원인 乙과 공모하여 함께 뇌물을 받았다. - 수뢰죄의 공동정범

① ㉮ ㉯ ㉱　　② ㉮ ㉲ ㉳
③ ㉰ ㉱ ㉲　　④ ㉯ ㉰ ㉱ ㉲
⑤ ㉱ ㉲ ㉳　　⑥ ㉮ ㉰ ㉲ ㉳
⑦ ㉮ ㉰ ㉲ ㉳　　⑧ ㉰ ㉲ ㉳ ㉴

해설

※ 형법 제33조에 대한 통설의 입장이다.

㉮ (X) 가중적 신분자가 비신분자에 가공한 경우로, 통설에 따르면 제33조 단서에 의해 개별화된다. 따라서 甲에게는 존속살해죄의 교사범이 성립한다.

㉯ (X), ㉰ (O), ㉱ (X), ㉲ (O) 비신분자가 가감적 신분자의 범죄에 가담한 경우로, 통설에 따르면 제33조 단서에 의해 개별화된다. 따라서 신분관계 없는 甲에게는 비신분자의 범죄인 보통살인죄의 가담형태에 따른 공범이 성립한다.

㉳ (O), ㉴ (O) 비신분자가 구성적 신분자의 범죄에 가담한 경우이므로, 통설에 따르면 비신분자에게도 제33조 본문이 적용된다. 따라서 비신분자에게도 신분자의 범죄, 즉 수뢰죄에 대해 자신의 가담형태에 따른 공범이 성립한다.

정답 ⑧

64. 다음 〈사례〉에서 甲~丁의 죄책과 형벌범위를 학생들이 〈토론〉하고 있다. 옳은 주장을 하고 있는 학생들을 모두 고르면?

〈참조조문〉

제30조 (공동정범)

2인 이상이 공동하여 죄를 범한 때에는 각자를 그 죄의 정범으로 처벌한다.

제31조 (교사범)

①타인을 교사하여 죄를 범하게 한 자는 죄를 실행한 자와 동일한 형으로 처벌한다.

제32조 (종범)

①타인의 범죄를 방조한 자는 종범으로 처벌한다.

②종범의 형은 정범의 형보다 감경한다.

제33조 (공범과 신분)

신분관계로 인하여 성립될 범죄에 가공한 행위는 신분관계가 없는 자에게도 전3조의 규정을 적용한다. 단 신분관계로 인하여 형의 경중이 있는 경우에는 중한 형으로 벌하지 아니한다.

제34조 (간접정범, 특수한 교사, 방조에 대한 형의 가중)
①어느 행위로 인하여 처벌되지 아니하는 자 또는 과실범으로 처벌되는 자를 교사 또는 방조하여 범죄행위의 결과를 발생하게한 자는 교사 또는 방조의 예에 의하여 처벌한다.

〈사례〉
Ⅰ. 공무원 甲은 비공무원 A를 교사하여 뇌물을 받아오게 하였다.
Ⅱ. 乙은 사정을 모르는 B를 이용하여 B의 부친을 살해하였다.
Ⅲ. 丙은 친자인 C와 함께 자기의 남편(C의 부친)을 살해하였다.
Ⅳ. 일반인 丁은 업무자 D의 업무상 배임행위를 도왔다.

〈토론〉
우성 : 甲의 죄책과 형벌범위를 판단하기 위해서는 형법 제31조 ①항과 형법 제33조가 적용되어야 한다고 생각해.
민정 : 아니야 ,甲의 죄책과 형벌범위는 형법 제34조 ①항과 형법 제33조에 의해 결정되어야 해.
여창 : 형법 제34조 ①항이라구? 乙의 죄책을 판단하기 위해서라면 그 조문이 적용되어야 할 것 같은데.
은진 : 乙의 죄책과 형벌범위를 판단하기 위해서는 형법 제34조 ①항 뿐 아니라 형법 제33조도 적용되어야 한다는 것이 판례의 입장이야.
지우 : 형법 제33조는 丙의 죄책과 형벌범위를 판단하기 위해서는 필수적으로 적용되어야 할 조문이야. 물론 丙의 경우에는 형법 제30조도 함께 적용되어야 하겠지.
동재 : 형법 제33조는 丁의 죄책과 형벌범위를 판단하는 작업에서도 적용되어야 해. 하지만 판례에 의하면 형법 제33조 단서만이 적용될 거야. 물론 형법 제32조 역시 丁의 경우에 적용될 테지만 말이야.

① 우성, 여창, 지우
② 우성, 은진, 지우, 동재
③ 민정, 여창, 동재
④ 민정, 은진, 지우
⑤ 여창, 지우
⑥ 여창, 동재
⑦ 은진, 지우
⑧ 은진, 지우, 동재

해설

(1) 사례 Ⅰ의 해결 : 수뢰죄와 같은 진정신분범은 비신분자가 정범이 될 수 없는 범죄이다. 따라서 신분자가 비신분자의 행위에 가공하여 진정신분범을 범하도록 한 경우에 비신분자가 직접 범행을 했다고 하더라도 그에게 정범의 죄책을 지울 수 없는 것은 당연하고, 대부분의 경우 비신분자의 죄책은 종범으로 처리될 것이다. 문제는 비신분자에게 범행을 하도록 한 신분자의 죄책을 어떻게 논정할 것인가 하는 점인데, 이에 대해서는 형법 제33조가 적용될 수 없다. 따라서 이론에 의해서 해결되어야 할 것인 바, 간접정범설과 교사범설이 대립된다. 결국 우성과 민정은 형법 제33조의 적용을 주장하고 있으므로 모두 틀린 셈이다.

(2) 사례 Ⅱ의 해결 : B는 과실치사죄이고, 乙의 죄책은 형법 제34조 ①항이 적용되어 살인죄의 간접정범으로 처리된다. 아울러 간접정범의 경우 형법 제33조가 적용될 수 있는지 문제되는데, 판례는 허위공문서작성죄와 같은 진정신분범의 경우에 아주 예외적으로 형법 제33조 본문에 의해 간접정범의 성립 가능성을 인정하고 있을 뿐이다(2005도7430). 따라서 사례 Ⅱ에서 문제될 수 있는 존속살해죄는 부진정신분범이므로 형법 제34조 ①항은 적용될 여지가 없다. 결국 여창의 주장은 옳지만, 은진의 주장은 틀렸다.

(3) 사례 Ⅲ과 Ⅳ의 해결 : 丙은 C와 함께 범행하였으므로 공동정범에 관한 형법 제30조가 적용되고 丁은 D의 범행을 도왔으므로 형법 제32조가 적용되는 것은 당연하다. 문제는 행해진 범행이 C와 D의 입장에서 각기 부진정신분범인 존속살해죄와 업무상배임죄라는 것인데, 이러한 경우에 판례에 의하면 丙과 丁의 죄책에는 형법 제33조 본문이 적용되고 형벌범위에는 형법 제33조 단서가 적용된다(4294형상284, 97도2609). 따라서 지우의 주장은 옳지만, 동재의 주장은 틀렸다.

정답 ⑤

65. 모해의 목적이 있는 甲은 모해의 목적이 없는 乙을 교사하여 위증을 하도록 하였다. 甲의 죄책에 대한 설명으로 옳은 것(O)과 옳지 않은 것(X)을 바르게 짝지은 것은?

(가) 판례는 이 사례에 공범과 신분에 관한 제33조가 적용된다고 한다.
(나) 판례는 이 사례에서 제33조 본문은 적용되지 않고, 제33조 단서가 적용된다고 한다.
(다) 판례는 이 경우 형법 제33조 단서가 형법 제31조 제1항에 우선 적용된다고 한다.
(라) 판례는 형법 제33조 단서를 문리해석하여 甲은 모해위증죄의 교사범의 죄책을 진다고 한다.
(마) 다수설은 이 경우 형법 제33조는 적용되지 않고, 형법 제31조 제1항이 적용되어 甲은 모해위증교사의 죄책을 진다고 한다.

(바) 제33조 단서가 책임개별화를 규정한 것이라는 견해들은 甲에게 단순위증교사죄를 인정한다.

① (가)(O), (나)(X), (다)(O), (라)(X), (마)(O), (바)(O)
② (가)(X), (나)(X), (다)(O), (라)(X), (마)(X), (바)(X)
③ (가)(X), (나)(O), (다)(O), (라)(X), (마)(X), (바)(X)
④ (가)(O), (나)(X), (다)(O), (라)(O), (마)(O), (바)(X)
⑤ (가)(X), (나)(X), (다)(O), (라)(O), (마)(X), (바)(X)
⑥ (가)(O), (나)(O), (다)(O), (라)(X), (마)(X), (바)(X)
⑦ (가)(O), (나)(X), (다)(O), (라)(X), (마)(X), (바)(X)
⑧ (가)(O), (나)(X), (다)(X), (라)(X), (마)(X), (바)(X)

해설

㈎ (O) [大判 1994. 12. 23, 93도1002] 형법 제152조 제1항과 제2항은 위증을 한 범인이 형사사건의 피고인 등을 '모해할 목적'을 가지고 있었는가 아니면 그러한 목적이 없었는가 하는 범인의 특수한 상태의 차이에 따라 범인에게 과할 형의 경중을 구별하고 있으므로, 이는 바로 형법 제33조 단서 소정의 "신분관계로 인하여 형의 경중이 있는 경우"에 해당한다고 봄이 상당하다.

㈏ (X) 위증죄는 신분범이기 때문에 甲이 乙에게 위증을 교사하였으므로, 제33조 본문도 이 사례에 적용된다.

㈐ (O) [大判 1994. 12. 23, 93도1002] 형법 제31조 제1항은 협의의 공범의 일종인 교사범이 그 성립과 처벌에 있어서 정범에 종속한다는 일반적인 원칙을 선언한 것에 불과하고, 신분관계로 인하여 형의 경중이 있는 경우에 신분이 있는 자가 신분이 없는 자를 교사하여 죄를 범하게 한 때에는 형법 제33조 단서가 형법 제31조 제1항에 우선하여 적용됨으로써 신분이 있는 교사범이 신분이 없는 정범보다 중하게 처벌된다.

㈑ (X) 제33조 단서가 '중한 죄로 벌하지 않는다'고 규정하고 있기 때문에 이를 문리해석하면, 단순위증교사의 죄책만을 인정해야 한다.

㈒ (X) 형법 제31조 제1항이 적용되면 공범종속성원칙에 의해 甲은 단순위증교사의 죄책만을 진다.

㈓ (X) 제33조 단서가 책임개별화를 규정한 것이라고 하는 견해들은 甲에게 모해위증교사의 죄책을 인정한다.

정답 ⑦

66. 甲이 A를 모해할 목적으로 이러한 목적이 없는 乙을 교사하여 위증을 하게 한 경우에, 甲과 乙의 죄책에 관한 옳은 설명(O)과 옳지 않은 설명(X)에 대하여 올바르게 기술된 것은?

㉠ 판례는 교사범의 경우 신분관계로 인하여 형의 경중이 있는 경우에 신분이 있는 자가 신분이 없는 자를 교사하여 죄를 범하게 한 때에는 형법 제33조 단서가 형법 제31조 제1항에 우선하여 적용된다는 입장이다.
㉡ 모해목적을 행위관련적 주관적 구성요건요소로 이해하면, 甲은 모해위증죄의 교사범으로, 乙은 단순위증죄로 처벌될 것이다.
㉢ 甲에게 모해목적이 있음을 乙이 전혀 몰랐다면, 소위 목적 없는 고의 있는 도구의 이론에 의하여 甲은 모해위증죄의 간접정범으로 처벌될 것이다.
㉣ 모해목적을 행위자관련적 인적요소로 이해하면, 甲은 모해위증죄의 교사범으로, 乙은 단순위증죄로 처벌될 것이다.
㉤ 위증죄를 자수범으로 본다면 甲은 처벌될 수 없고, 乙만 단순위증죄로 처벌될 것이다.
㉥ 판례에 따르면 甲은 단순위증교사죄로, 乙은 단순위증죄로 처벌된다.

① ㉠(O), ㉡(X), ㉢(X), ㉣(O), ㉤(X), ㉥(O)
② ㉠(O), ㉡(X), ㉢(X), ㉣(O), ㉤(X), ㉥(X)
③ ㉠(O), ㉡(O), ㉢(O), ㉣(X), ㉤(O), ㉥(X)
④ ㉠(O), ㉡(X), ㉢(O), ㉣(X), ㉤(O), ㉥(X)
⑤ ㉠(O), ㉡(O), ㉢(X), ㉣(O), ㉤(X), ㉥(X)
⑥ ㉠(X), ㉡(X), ㉢(O), ㉣(X), ㉤(O), ㉥(O)
⑦ ㉠(X), ㉡(O), ㉢(O), ㉣(X), ㉤(X), ㉥(X)
⑧ ㉠(X), ㉡(O), ㉢(X), ㉣(X), ㉤(O), ㉥(X)

해설

㉠ (O) [大判 1994. 12. 23, 93도1002] 형법 제31조 제1항은 협의의 공범의 일종인 교사범이 그 성립과 처벌에 있어서 정범에 종속한다는 일반적인 원칙을 선언한 것에 불과하고, 신분관계로 인하여 형의 경중이 있는 경우에 신분이 있는 자가 신분이 없는 자를 교사하여 죄를 범하게 한 때에는 형법 제33조 단서가 형법 제31조 제1항에 우선하여 적용됨으로써 신분이 있는 교사범이 신분이 없는 정범보다 중하게 처벌된다.

㉡ (X) 모해목적을 행위관련적 주관적 구성요건요소로 보면 甲은 단순위증죄의 교사범이 된다.

㉢ (X) 위증죄는 자수범이므로 신분 없는 자는 (간접)정범이 될 수 없다.

㉣ (O)

㉤ (X) 위증죄를 자수범으로 보더라도 甲에게 공범의 성립은 가능하다.

㉥ (X) 판례는 甲에게 모해위증죄의 교사범이 성립한다는 입장이다.

[大判 1994. 12. 23, 93도1002] 피고인이 갑을 모해할 목적으로 을에게 위증을 교사한 이상,

가사 정범인 을에게 모해의 목적이 없었다고 하더라도, 형법 제33조 단서의 규정에 의하여 피고인을 모해위증교사죄로 처단할 수 있다.

정답 ②

67. 상상적 경합에 관한 다음 내용 중 옳지 않은 것을 모두 고른 것은?

ㄱ. 상상적 경합의 경우에 "1개의 행위"는 실행의 단일성뿐만 아니라 실행의 동일성도 요구된다.
ㄴ. 고의범과 과실범간에는 실행의 동일성이 인정되지 않아 상상적 경합이 성립되지 않는다.
ㄷ. 수개의 부작위범간이나, 부진정결과적 가중범과 중한 결과의 고의범간에도 상상적 경합이 인정될 수 있다.
ㄹ. 계속범과 그 중에 범한 상태범 사이에 실행행위의 동시성은 있으나 동일성이 없으면 상상적 경합범이 될 수 없다.
ㅁ. 피해법익이 고도의 인격적 법익인 경우에는 동종의 상상적 경합이 성립하나, 기타 법익인 경우에는 단순일죄가 되는 것이 원칙이다.
ㅂ. 작위범과 부작위범간에는 실행의 동일성이 인정되지 않는다.
ㅅ. 목적범에서 목적을 실현하기 위한 행위가 다른 구성요건을 충족시키면 실행행위의 동일성이 인정되어 상상적 경합이 되며, 이는 판례의 입장이기도 하다.
ㅇ. 경합범의 경우 징역과 금고는 동종의 형으로 간주하여 징역형으로 처벌하도록 하는 형법 제38조 제2항은 상상적 경합의 경우에서도 준용한다.

① ㄱ, ㄴ, ㄷ　　② ㄷ, ㄹ, ㅂ
③ ㅁ, ㅅ, ㅇ　　④ ㄴ, ㅁ, ㅇ
⑤ ㄴ, ㅅ, ㅇ

ㄱ. (O) 김일수/서보학, 형법총론, 2002, 693면.

ㄴ. (X) 그렇지 않다.(전게서, 694면 참조) 실행행위의 동일성이 인정되면 상상적 경합이 성립할 수 있다(1개의 폭탄으로 고의의 재물손괴와 과실치사를 한 경우).

ㄷ. (O) 전게서, 동면 참조. 부작위의 동일성이 아니라 기대되는 행위의 동일성이 인정되면 상상적 경합이 가능하다(창고수위가 타인의 절도와 손괴를 방치한 경우→부작위에 의한 절도죄와 손괴죄의 종범의 상상적 경합). 결합범 · 결과적 가중범과 그 구성요소인 범죄 간에도 실행행위의 일부가 동일하면 상상적 경합이 가능하다(현주건조물에 방화하여 사람을 살해 · 상해한 경우→현주건조물방화치사상죄와 살인죄 · 상해죄의 상상적 경합)(다수설)

ㄹ. (O) 전게서, 695면 이하 참조. 계속범과 그 중에 범한 죄 사이에 단지 동시성만 인정되는 경우에는 실체적 경합이 성립한다(주거침입의 기회에 범한 강간). 그러나 계속범의 위법상태의 계속이 다른 범죄를 실현하기 위한 수단이 되는 경우에는 상상적 경합이 성립한다(강간의 수단으로 감금한 경우).

ㅁ. (O) 전게서, 695면 이하 참조.

ㅂ. (O) 전게서, 694면; 손동권, 형법총론, 36/5. 인정하는 견해로는 오영근, 형법총론, 40/11 참조. 작위범과 부작위범간에는 실행행위의 동일성을 인정할 수 없으므로 상상적 경합이 불가능하다.

ㅅ. (X) 그렇지 않다. 판례는 실체적 경합을 인정한다.
피고인이 예금통장을 강취하고 예금자 명의의 예금청구서를 위조한 다음 이를 은행원에게 제출행사하여 예금인출금 명목의 금원을 교부받았다면 강도, 사문서위조, 동행사, 사기의 각 범죄가 성립하고 이들은 실체적 경합관계에 있다 할 것이다[大判 1991. 9. 10, 91도1722 등].

ㅇ. (X) 그렇지 않다. 판례는 준용될 수 없다고 판시하였다.
형법 제40조에는 "1개의 행위가 수개의 죄에 해당하는 경우에는 가장 중한 죄에 정한 형으로 처벌한다"고 규정되어 있고 상상적 경합범 처벌에 있어서는 실체적 경합범 처벌 에 관한 규정인 형법 제38조제2항은 준용될 수 없는 것이라고 할 것이다[大判 1976. 1. 27, 75도1543].

정답 ⑤

68. 甲은 a, b, c, d 죄를 범하였고 이중 c 죄가 적발되어 이에 대해 벌금형이 확정된 후 다시 e, f의 죄를 범하였다. 죄수에 대한 설명으로 옳은 것은?

① a, b, d, e, f 죄는 동시적 경합범이다.
② a, b, d 죄와 c 죄는 사후적 경합범이고, e, f는 동시적 경합범이다.
③ a, b, c 죄는 사후적 경합범이고, e, f 죄는 동시적 경합범이다.
④ a, b 죄는 동시적 경합범이고, c 죄와 d, e, f 죄는 사후적 경합범이다.
⑤ c 죄와 a, b, d, e, f 죄는 사후적 경합범이다.

해설

※ 사후적 경합범이란 금고 이상의 형에 처한 판결이 확정된 죄와 그 판결확정 전에 범한 죄를 말한다(2004. 1. 20. 개정 형법 제37조 제1항 후단). c죄에 대해 금고형이상이 아니라 벌금형이 확정되었으므로 a, b, d, e, f죄는 동시적 경합범이다. 만약 c 죄에 대해 금고형이상의 판결이 확정된 경우에는 a, b, d 죄와 c 죄는 사후적 경합범이 된다. a, b, d 죄 모두 c죄에 대한 금고형의 확정판결이 있기 전에 범한 죄이기 때문이다. 그러나 c 범죄에 대한 금고형이상의 확정판결 후 e, f의 죄를 범한 경우 c

죄와 e, f의 죄는 사후적 경합범이 아니다. a, b, d 죄와 e, f의 죄도 사후적 경합범이 아니다. e, f의 죄는 a, b, c, d 죄와 무관하게 동시적 경합범이 된다. '금고 이상의 형에 처한 판결이 확정된 죄'에서 확정판결은 유죄판결을 의미한다. 예를 들어 위의 사례에서 c 범죄에 대한 무죄나 면소의 판결이 확정된 경우에는 a, b, d, e, f 죄가 동시적 경합범 관계에 있게 된다.

정답 ①

69. 사후적 경합범에 대한 설명으로 옳지 않은 것은?(다툼이 있는 경우 판례에 의함)

① 사후적 경합범 규정의 취지는 본래 경합범으로 동시에 재판하여 단일한 형을 선고할 복수의 범죄에 대하여 각각 별도로 재판이 진행되어 수개의 형을 별도로 선고할 경우에 그 복수의 죄에 대하여 동시에 재판하였더라면 한꺼번에 형이 선고되었을 경우와 불균형이 생기지 않도록 하여 형벌권행사의 적정성을 도모하는 것에 있다.

② 사후적 경합범이 성립하기 위해서는 금고이상의 형에 처한 확정판결이 있어야 하므로 무죄판결, 면소판결, 공소기각의 재판은 물론 유죄판결 중에서도 형을 선고하지 않는 형면제판결이나 벌금형을 선고한 판결이 확정된 경우는 물론 약식명령이나 즉결심판이 확정된 경우도 제외된다.

③ 형법 제65조에 의하여 집행유예를 선고한 확정판결에 의한 형의 선고가 그 효력을 잃은 경우에도 사후적 경합범의 요건인 '금고이상의 형에 처한 판결이 확정된 경우'에 해당한다.

④ 금고이상이 형에 처한 판결의 확정 전에 범한 죄인가의 여부는 범죄의 종료시점을 기준으로 하므로 포괄일죄의 중간에 다른 종류의 범죄에 대하여 금고이상의 형에 처한 판결이 확정되었다고 하더라도, 이로 인하여 포괄일죄가 2개의 범죄로 나누어지는 것이 아니라 전체로서 판결확정 후에 범한 죄로 취급된다.

⑤ 금고이상의 형에 처한 판결의 확정 전에 범한 죄에 대해서는 그 죄와 판결이 확정된 죄를 동시에 판결할 경우와 형평을 고려하여 형을 선고하되, 이 경우 형을 감경 또는 면제한다.

①② (O)

③ (O) [大判 1984. 8. 21, 84모1297] 형법 제37조 후단의 경합범에 있어서 판결에 확정된 죄라 함은 수개의 독립한 죄 중의 어느 죄에 대하여 확정판결이 있었던 사실 자체를 의미하고 그 확정판결이 있은 죄의 형의 집행을 종료한 여부, 형의 집행유예가 실효된 여부는 묻지 않는다고 해석할 것이므로 형법 제65조에 의하여 집행유예를 선고한 확정판결에 의한 형의 선고가 그 효력을 잃었다 하더라도 확정판결을 받은 존재가 이에 의하여 소멸되지 않는 이상 형법 제37조 후단의 판결이 확정된 죄에 해당한다고

보아야 할 것이다.

④ (O) [大判 2003. 8. 22. 2002도5341] 포괄일죄로 되는 개개의 범죄행위가 다른 종류의 죄의 확정판결의 전후에 걸쳐서 행하여진 경우에는 그 죄는 2죄로 분리되지 않고 확정판결 후인 최종의 범죄행위시에 완성되는 것이다.

⑤ (X) 금고이상의 형에 처한 판결의 확정 전에 범한 죄에 대해서는 그 죄와 판결이 확정된 죄를 동시에 판결할 경우와 형평을 고려하여 형을 선고하되, 이 경우 형을 감경 또는 면제할 수 있다(형법 제39조).

정답 ⑤

70. 다음은 각종 범죄의 처벌에 관한 설명이다. 옳지 않은 것을 모두 고른 것은?

가. 교사범에 대해서는 죄를 실행한 자와 동일한 형으로 처벌하나, 종범의 형은 정범의 형보다 감경한다.
나. 자수 또는 자복의 경우에는 그 형을 감경 또는 면제할 수 있다.
다. 중지미수는 필요적 감경이나, 불능미수는 임의적 감면이고, 장애미수는 임의적 감경이다.
라. 간접정범은 교사 또는 방조의 예에 의하여 처벌한다.
마. 미수범의 형은 기수범의 형보다 감경한다.
바. 동시범의 경우 각 행위를 미수범으로 처벌하고, 예외적으로 상해죄의 동시범의 경우에는 공동정범의 예에 의하여 처벌한다.
사. 누범의 형은 그 죄에 정한 형의 장기의 1/2까지 가중하고, 상상적 경합범의 형은 가장 중한 죄에 정한 형으로 처벌한다.
아. 원인에 있어 자유로운 행위는 책임무능력 또는 미약상태에서의 행위이므로 면책 또는 감경할 수 있다.
자. 경합범의 경우에는 가장 중한 죄에 정한 형의 1/2까지 가중한다.

① 나, 다, 라, 마, 바, 사, 아, 자
② 다, 라, 마, 바, 사, 아, 자
③ 다, 마, 바, 사, 아, 자
④ 가, 다, 라, 마, 바, 사, 아, 자
⑤ 가, 다, 마, 바, 사, 아, 자
⑥ 가, 나, 다, 라, 마, 바, 사, 아
⑦ 가, 나, 다, 라, 마, 바, 사
⑧ 가, 나, 다, 라, 마, 바

해설

※ 틀린 것은 다, 마, 바, 사, 아, 자.

가. (O)형법 제31조 제1항. 제32조 제2항.

나. (O)형법 제52조.

다. (X) 중지미수는 필요적 감면이고(형법 제26조), 불능미수는 임의적 감면(제27조)이며, 장애미수는 임의적 감경(제25조 제2항)이다.

라. (O) 형법 제34조 제1항 참조.

마. (X)미수범의 형은 기수범의 형보다 감경할 수 있다(형법 제25조 제2항 참조).

바. (X)동시범의 경우 그 원인된 행위가 판명되면 인과관계가 인정된 자는 기수범으로, 인정되지 않는 자는 미수범으로 처벌하고, 단, 인과관계가 판명되지 않은 경우에 한하여 각자를 그 죄의 미수범으로 처벌한다. 그러나 이 경우에도 상해죄의 동시범의 경우에는 공동정범의 예에 의하여 처벌한다.

사. (X)누범의 형은 그 죄에 정한 형의 장기의 2배까지 가중한다.

아. (X)원인에 있어서 자유로운 행위에 관한 형법 제10조는 심신상실 또는 심신미약에 관한 면책 또는 감경규정의 적용을 배제하고 있다.

자. (X)경합범의 경우에는 형의 종류에 따라 그 처벌예가 다르다(형법 38조 참조).

정답 ③

71. [보기 1]의 사례를 읽고, 이와 관련된 형의 가중 · 감경의 순서를 [보기 2]에서 올바르게 고른 후, 결론의 괄호 (A) (B)에 들어갈 형기를 선택하라(단, 강도죄의 법정형은 3년 이상의 유기징역이다).

[보기 1]

심신미약자인 甲은 절도죄로 징역 2년의 선고를 받아 복역을 마치고 출소한 후, 범죄에 대한 유혹을 떨쳐 버리지 못하고 다시 1년 만에 강도죄를 범하였다.

[보기 2]

㉠ 甲이 행위당시에 심신미약의 상태에 있었기 때문에 그 형을 (ⓐ)한다.

㉡ 甲에게 특별히 정상참작할 만한 사유도 없으므로 (ⓑ)할 필요가 없다.

㉢ 甲이 실체적 경합범에 해당하는 경우에는 형을 (ⓒ)하는 것으로 되지만 여기에서 경합관계에 있는 죄가 없다.

㉣ 甲이 누범의 요건이 있으므로 그 형을 (ⓓ)한다.

㉤ 甲은 자신이 직접 범죄를 범하였으므로 형법 제34조 제2항에 의한 (ⓔ)사유가 존재하지 않는다.

[결 론]
甲에게는 징역 (A) 이상 (B) 이하의 범위 내에서 선고하는 형을 정하여야 한다.

① ㉠-㉤-㉣-㉢-㉡ (A) 3년 (B) 12년 6월
② ㉡-㉣-㉢-㉠-㉤ (A) 1년 6월 (B) 12년 6월
③ ㉣-㉤-㉠-㉢-㉡ (A) 1년 6월 (B) 12년 6월
④ ㉣-㉠-㉤-㉡-㉢ (A) 3년 (B) 12년
⑤ ㉣-㉠-㉤-㉢-㉡ (A) 3년 (B) 12년
⑥ ㉤-㉣-㉢-㉠-㉡ (A) 1년 6월 (B) 12년 6월
⑦ ㉤-㉣-㉠-㉢-㉡ (A) 3년 (B) 12년 6월
⑧ ㉤-㉣-㉠-㉢-㉡ (A) 1년 6월 (B) 12년 6월

해설

※ 형의 가중 · 감경의 순서는 '형법 각칙본조에 의한 가중 - 형법 제34조 2항의 가중(㉤ 해당사항 없음) - 누범가중(㉣ 3년 이상 25년 이하의 징역) - 법률상 감경(㉠ 1년 6월 이상 12년 6월 이하의 징역) - 경합범가중(㉢ 해당사항 없음) - 작량감경(㉡ 해당사항 없음)' 순이다(형법 제56조). 따라서 1년 6월 이상 12년 6월 이하의 징역이 처단형이 된다.

정답 ⑧

72. 법관 A는 다음과 같은 <사례>를 두고 甲에 대하여 괄호안의 형량을 정하여 판결을 내렸다. 가~마의 처단형의 장기를 합한 경우에 그 값은?

[관련 규정] 형법
제131조(수뢰후부정처사, 사후수뢰) ① 공무원 또는 중재인이 전2조의 죄를 범하여 부정한 행위를 한 때에는 1년 이상의 유기징역에 처한다.
제225조(공문서등의 위조 · 변조) 행사할 목적으로 공무원 또는 공무소의 문서 또는 도화를 위조 또는 변조한 자는 10년 이하의 징역에 처한다.
제229조(위조등 공문서의 행사) 제225조 내지 제228조의 죄에 의하여 만들어진 문서, 도화, 전자기록등 특수매체기록, 공정증서원본, 면허증, 허가증, 등록증 또는 여권을 행사한 자는 그 각 죄에 정한 형에 처한다.
제329조(절도) 타인의 재물을 절취한 자는 6년 이하의 징역에 처한다.
제333조(강도) 폭행 또는 협박으로 타인의 재물을 강취하거나 기타 재산상의 이익을 취득하거나 제3자로 하여금 이를 취득하게 한 자는 3년 이상의 유기징역에 처한다.

제347조(사기) ①사람을 기망하여 재물의 교부를 받거나 재산상의 이익을 취득한 자는 10년 이하의 징역에 처한다.
제362조(장물의 취득, 알선등) ①장물을 취득, 양도, 운반 또는 보관한 자는 7년 이하의 징역에 처한다.

〈사례〉
가. 농아자 甲은 2001년 1월 1일에 절도죄로 인하여 징역 1년을 선고 받고 확정되었다. 그 후에 甲은 2002년 3월 1일에 강도죄를 범하여 수배 중이었으나 숨어 있다가 2005년 1월에 체포되었는데 2005년 6월에 강도죄에 대하여 선고를 하는 경우 ⇒ ( )~( )
나. 상관의 명령에 절대적으로 복종하는 것이 불문율인 집단에서 상관인 甲은 부하 乙에게 丙의 물건을 훔쳐 오도록 명령하였다. 이에 乙은 상관의 명령이니 어쩔 수 없다고 생각하여 丙의 물건을 훔쳐 甲에게 넘겨주었는데 甲에게 공소가 제기되어 절도죄와 장물죄에 대하여 선고를 하는 경우 ⇒ ( )~( )
다. 甲은 2001년 3월 1일 乙의 물건을 강취한 후 그 물건을 정을 모르는 丙에게 판매하였다. 甲은 2002년 강도죄로 공소가 제기되어 무기 징역의 선고를 받고 그 형이 확정되었는데, 복역 중에 丙에 대한 사기죄로 공소가 제기되어 사기죄에 대하여 선고를 하는 경우 ⇒ ( )~( )
라. 甲은 절도죄로 인하여 2005년 1월 1일 징역 1년에 집행유예 1년의 선고를 받아 그 형이 확정되었는데 2005년 4월 1일 丙에 대한 사기죄를 범하였다. 나중에 丙에 대한 사기죄가 발각이 되어 2005년 11월에 공소제기가 되어 2006년 2월 1일에 사기죄에 대한 선고를 하는 경우 ⇒ ( )~( )
마. 공무원 甲은 乙로부터 도시계획도의 도로계획도로선을 변경해 달라는 부탁과 함께 금300만원을 받고, 도로계획도로선을 새로 그어 도시계획도를 변경하여 비치해 두었는데 동 범죄에 대하여 공소가 제기되어 선고를 하는 경우 ⇒ ( )~( )

① 54　② 56　③ 58
④ 59　⑤ 60　⑥ 61
⑦ 62　⑧ 63

해설

가. 1년 6월~12년 6월. 먼저 甲이 누범에 해당하는지가 문제되는데 사안의 경우 절도죄로 2001년 1월 1일에 징역 1년이 확정되었고 그 집행종료 후인 2002년 1월 1일 이후부터 3년 내인 2002년 3월 1일에 강도죄의 실행의 착수가 있는 경우이므로 강도

죄는 형법 제35조의 누범에 해당한다. 따라서 형법 제35조에 따라 강도죄의 형을 장기의 2배까지 가중한다. 단기는 가중하지 않는다. 유기징역의 상한은 15년이므로 2배를 가중하면 30년이 되나 가중을 하더라도 25년을 초과할 수는 없으므로(제42조) 누범가중한 범위는 3년~ 25년이다. 또한 甲은 농아자이므로 형을 필요적으로 감경하면 1년 6월~12년 6월이 처단형이 된다.

나. 1월~ 13년 6월. 甲의 명령이 절대적 구속력이 있으면 乙의 행위는 책임이 조각되고 절대적 구속력이 없으면 책임이 인정될 것이다. 따라서 甲의 명령의 절대적 구속력 인정 여부와 상관없이 乙의 행위는 위법성까지는 인정되므로 甲에게는 절도죄의 교사범이 성립한다. 또한 甲은 타인을 지휘·감독할 지위에 있는 자가 그 지위를 이용하여 피지휘·감독자를 교사·방조하였으므로 제34조 제2항의 특수교사에 해당한다. 따라서 6년 이하의 징역에서 장기의 1/2을 가중하므로 9년 이하의 징역에 해당한다. 또한 甲은 장물죄에 해당하므로 7년 이하의 징역과 경합관계에 해당하게 되어 9년 이하의 징역에서 다시 1/2를 가중하므로 장기는 13년 6월에 해당한다. 따라서 1월~ 13년 6월이 처단형이 된다.

다. 1월~ 10년. [大判 2008. 9. 11, 2006도8376] [1] 형법 제37조의 후단 경합범에 대하여 심판하는 법원은 판결이 확정된 죄와 후단 경합범의 죄를 동시에 판결할 경우와 형평을 고려하여 후단 경합범의 처단형의 범위 내에서 후단 경합범의 선고형을 정할 수 있는 것이고, 그 죄와 판결이 확정된 죄에 대한 선고형의 총합이 두 죄에 대하여 형법 제38조를 적용하여 산출한 처단형의 범위 내에 속하도록 후단 경합범에 대한 형을 정하여야 하는 제한을 받는 것은 아니며, 후단 경합범에 대한 형을 감경 또는 면제할 것인지는 원칙적으로 그 죄에 대하여 심판하는 법원이 재량에 따라 판단할 수 있다. [2] 무기징역에 처하는 판결이 확정된 죄와 형법 제37조의 후단 경합범의 관계에 있는 죄에 대하여 공소가 제기된 경우, 법원은 두 죄를 동시에 판결할 경우와 형평을 고려하여 후단 경합범에 대한 처단형의 범위 내에서 후단 경합범에 대한 선고형을 정할 수 있고, 형법 제38조 제1항 제1호가 형법 제37조의 전단 경합범 중 가장 중한 죄에 정한 처단형이 무기징역인 때에는 흡수주의를 취하였다고 하여 뒤에 공소제기된 후단 경합범에 대한 형을 필요적으로 면제하여야 하는 것은 아니다.

※ 따라서 강도죄에 대하여 무기 징역을 선택했지만, 사기죄에 대하여 10년 이하의 징역에 처할 수도 있다. 따라서 1월~ 10년이 처단형이 된다.

라. 1월~10년. [大判 1983. 8. 23, 83도1600] 금고이상의 형을 받고 그 형의 집행유예기간 중에 금고 이상에 해당하는 죄를 범하였다 하더라도 이는 누범가중의 요건을 충족시킨 것이라 할 수 없다.

※ 집행유예기간 중에 범한 사기죄는 누범이 될 수 없다. 따라서 1월~10년이 처단형이 된다.

마. 1년~15년. [大判 2001. 2. 9, 2000도1216] 형법 제131조 제1항의 수뢰후부정처사죄에 있어서 공무원이 수뢰후 행한 부정행위가 공도화변조 및 동행사죄와 같이 보호법익을 달리하는 별개 범죄의 구성요건을 충족하는 경우에는 수뢰후부정처사죄 외에 별도로 공도화변조 및 동행사죄가 성립하고 이들 죄와 수뢰후부정처사죄는 각각 상상

적 경합 관계에 있다고 할 것인바, 이와 같이 공도화변조죄와 동행사죄가 수뢰후부정처사죄와 각각 상상적 경합범 관계에 있을 때에는 공도화변조죄와 동행사죄 상호간은 실체적 경합범 관계에 있다고 할지라도 상상적 경합범 관계에 있는 수뢰후부정처사죄와 대비하여 가장 중한 죄에 정한 형으로 처단하면 족한 것이고 따로 경합범가중을 할 필요가 없다.

※ 가장 중한 형은 1년 이상의 유기 징역이다. 따라서 1년~15년이 처단형이 된다.

정답 ⑥

73. 누범 또는 집행유예에 관한 다음 설명 중 옳지 않은 것은? (다툼이 있는 경우에는 판례에 의함)

① 누범이 성립하려면 금고 이상의 형의 선고가 유효하여야 하므로 일반사면이나 복권을 받은 경우는 누범가중사유로 인정되지 않는다.

② 상습범 중 일부 행위가 누범 기간 내에 있는 이상 나머지 행위가 누범 기간 경과 후에 행하여졌더라도 위의 행위 전부가 누범에 해당한다.

③ 누범이 성립하려면 금고 이상의 형을 받아 그 집행을 종료하거나 면제를 받은 후 3년 내에 다시 금고 이상에 해당하는 죄를 범하여야 하는바, 3년의 기간 내에 실행의 착수가 있으면 족하고 그 기간 내에 기수에까지 이르러야 되는 것은 아니다.

④ 하나의 자유형 중 일부에 대해서는 실형을 선고하고, 나머지에 대해서는 집행유예를 선고하는 것은 허용되지 않는다.

⑤ 집행유예가 실효되기 위해서는 유예기간 중 고의로 범한 죄로 금고 이상의 실형을 선고받아 그 판결이 확정되어야 한다.

해설

① (X) 전범에 대한 형의 선고는 유효하여야 누범전과가 되므로 일반사면을 받거나 집행유예기간을 경과한 경우에는 형선고의 효력이 상실되어 누범전과가 될 수 없다[大判 1970. 9. 22, 70도1627]. 그러나 복권은 형선고의 효력을 상실시키는 것이 아니라, 단지 상실·정지된 자격을 회복시킴에 불과하므로 누범전과가 된다[大判 1981. 4. 14, 81도543].

② (O) [大判 1982. 5. 25, 82도600] 상습범 중 1부 소위가 누범기간내에 이루어진 이상 나머지 소위가 누범기간 경과후에 행하여 졌더라도 그 행위 전부가 누범관계에 있는 것이다.

③ (O) 금고 이상의 형을 받아 그 집행을 종료하거나 면제를 받은 후 3년 내에 금고 이상에 해당하는 죄를 범한 자는 누범으로 처벌한다(제35조). 이 때 후범을 범한 시기가 3년 이내인가는 실행의 착수시를 기준으로 결정한다.

④ (O) [大判 2007. 2. 22, 2006도8555] 집행유예의 요건에 관한 형법 제62조 제1항이 '형'

의 집행을 유예할 수 있다고만 규정하고 있다고 하더라도, 이는 같은 조 제2항이 그 형의 '일부'에 대하여 집행을 유예할 수 있는 때를 형을 '병과'할 경우로 한정하고 있는 점에 비추어 보면, 조문의 체계적 해석상 하나의 형의 전부에 대한 집행유예에 관한 규정이라 할 것이고, 또한 하나의 자유형에 대한 일부집행유예에 관하여는 그 요건, 효력 및 일부 실형에 대한 집행의 시기와 절차, 방법 등을 입법에 의해 명확하게 할 필요가 있어, 그 인정을 위해서는 별도의 근거 규정이 필요하므로 하나의 자유형 중 일부에 대해서는 실형을, 나머지에 대해서는 집행유예를 선고하는 것은 허용되지 않는다.

⑤ (O) 2005. 7. 29. 개정형법에 의하면 집행유예의 선고를 받은 자가 '유예기간 중 고의로 범한 죄로 금고 이상의 실형을 선고받아 그 판결이 확정된 때'에 한하여 먼저의 집행유예의 선고는 효력을 잃는다(제63조).

정답 ①

74. 다음은 집행유예와 관련된 내용이다. <사례>에 관한 <결론>의 正·誤를 바르게 표시한 것은? (다툼이 있는 경우에는 판례에 의함)

〈사례〉
甲은 2004년 6월경 대낮에 乙의 주거에 침입하여 현금 10만원을 절취하였다. 다음날 甲은 절취한 현금으로 술을 먹다가 옆자리에 있던 丙과 시비가 붙어 丙을 폭행하고 도망쳤다. 甲은 그 후에 절도죄로 체포되어 2004년 10월경에 기소되어 2005년 2월에 징역 1년에 집행유예 2년을 선고 받고 확정되었다.

〈결론〉
㉠ 甲은 2005년 5월에 폭행죄로 다시 기소가 되었는데 법원은 2005년 6월에 甲의 폭행죄에 대해서 집행유예를 선고할 수 있다.
㉡ 甲이 2005년 5월에 폭행죄로 다시 기소가 되었는데 2005년 4월에 범한 丁에 대한 상해죄도 함께 공소제기되었다. 법원은 상해에 대해서는 실형을 폭행에 대해서는 집행유예를 선고할 수 있고 이 때 집행유예의 시점은 징역의 실형이 경과한 시점부터 기산하게 된다.
㉢ ㉠의 경우에 2005년 2월에 확정된 집행유예는 실효된다.
㉣ 甲에게 집행유예를 선고하면서 사회봉사명령으로서 준법 경영을 주제로 하는 강연과 기고를 명하는 것은 죄형법정주의 원칙상 허용되지 않는다.
㉤ 甲에게 집행유예를 선고할 때 형법 제62조의2의 보호관찰과 사회봉사 또는 수강을 동시에 명할 수 있다. 이 때 사회봉사명령으로서 일정액의 금전을 출연할 것을 명하는 것은 불가능하다.

ⓑ 甲이 집행유예기간 중에 다시 상해죄를 범하여 기소되었으나, 상해죄에 대해서 2007년 2월 이후에 선고하는 경우 <사례>의 집행유예 때문에 甲에 대해서 다시 집행유예를 선고하는 것은 불가능하다.

① 正 誤 誤 正 正 誤
② 正 正 誤 誤 正 誤
③ 正 正 誤 正 誤 正
④ 正 誤 正 誤 誤 誤
⑤ 誤 誤 正 正 正 誤
⑥ 誤 誤 正 誤 誤 正
⑦ 誤 正 正 正 正 正
⑧ 誤 正 誤 誤 誤 誤

해설

㉠ (O) 2005.7.29. 개정형법에 의하면 '금고 이상의 형을 선고한 판결이 확정된 때부터 그 집행을 종료하거나 면제된 후 3년까지의 기간에 범한 죄'인 경우에 한하여 집행유예를 선고할 수 없다(제62조 제1항 단서). '금고 이상의 형'에는 금고 이상의 형에 대한 집행유예도 포함된다[大判 1989. 9. 12, 87도2365]. 그런데 이 사건에서 절도죄에 대한 집행유예판결은 2005년 2월에 확정되었고, 폭행죄는 그 이전인 2004년 6월경에 범하였으므로 폭행죄는 '금고 이상의 형을 선고한 판결이 확정된 때부터 그 집행을 종료하거나 면제된 후 3년까지의 기간에 범한 죄'가 아니다. 따라서 집행유예의 결격사유는 존재하지 않으므로 당연히 집행유예를 선고할 수 있다.

㉡ (X) [大判 2002. 2. 26, 2000도4637] [1] 형법 제37조 후단의 경합범 관계에 있는 죄에 대하여 형법 제39조 제1항에 의하여 따로 형을 선고하여야 하기 때문에 하나의 판결로 두 개의 자유형을 선고하는 경우 그 두 개의 자유형은 각각 별개의 형이므로 형법 제62조 제1항에 정한 집행유예의 요건에 해당하면 그 각 자유형에 대하여 각각 집행유예를 선고할 수 있는 것이고, 또 그 두 개의 자유형 중 하나의 자유형에 대하여 실형을 선고하면서 다른 자유형에 대하여 집행유예를 선고하는 것도 우리 형법상 이러한 조치를 금하는 명문의 규정이 없는 이상 허용되는 것으로 보아야 한다. [2] 우리 형법이 집행유예기간의 시기(시기)에 관하여 명문의 규정을 두고 있지는 않지만 형사소송법 제459조가 "재판은 이 법률에 특별한 규정이 없으면 확정한 후에 집행한다."고 규정한 취지나 집행유예 제도의 본질 등에 비추어 보면 집행유예를 함에 있어 그 집행유예기간의 시기는 집행유예를 선고한 판결 확정일로 하여야 하고 법원이 판결 확정일 이후의 시점을 임의로 선택할 수는 없다. [3] 형법 제37조 후단의 경합범 관계에 있는 죄에 대하여 두 개의 징역형을 선고하면서 하나의 징역형에 대하여만 집행유예를 선고하고 그 집행유예기간의 시기를 다른 하나의 징역형의 집행종료일로 한 것은 위법하다고 한 사례.

㉢ (X) 개정 형법 63조에 의하면 집행유예기간 중에 고의로 범한 범죄로 금고 이상

의 실형을 선고 받아 그 판결이 확정된 때에만 집행유예의 선고는 효력을 잃게 되는데 폭행죄는 절도죄의 집행유예기간 전에 범한 것이므로 절도죄의 집행유예는 실효되지 않는다.

ⓔ (O) [大判 2008. 4. 11, 2007도8373] 재벌그룹 회장의 횡령행위 등에 대하여 집행유예를 선고하면서 사회봉사명령으로서 일정액의 금전출연을 주된 내용으로 하는 사회공헌계획의 성실한 이행을 명하는 것은 시간 단위로 부과될 수 있는 일 또는 근로활동이 아닌 것을 명하는 것이어서 허용될 수 없고, 준법경영을 주제로 하는 강연과 기고를 명하는 것은 헌법상 양심의 자유 등에 대한 심각하고 중대한 침해가능성, 사회봉사명령의 의미나 내용에 대한 다툼의 여지 등의 문제가 있어 허용될 수 없다고 본 사례.

ⓜ (O) [大判 1998. 4. 24, 98도98] 형법 제62조의2 제1항은 "형의 집행을 유예하는 경우에는 보호관찰을 받을 것을 명하거나 사회봉사 또는 수강을 명할 수 있다."고 규정하고 있는바, 그 문리에 따르면, 보호관찰과 사회봉사는 각각 독립하여 명할 수 있다는 것이지, 반드시 그 양자를 동시에 명할 수 없다는 취지로 해석되지는 아니할 뿐더러, 소년법 제32조 제3항, 성폭력범죄의처벌및피해자보호등에관한법률 제16조 제2항, 가정폭력범죄의처벌등에관한특례법 제40조 제1항 등에는 보호관찰과 사회봉사를 동시에 명할 수 있다고 명시적으로 규정하고 있는바, 일반 형법에 의하여 보호관찰과 사회봉사를 명하는 경우와 비교하여 특별히 달리 취급할 만한 이유가 없으며, 제도의 취지에 비추어 보더라도, 범죄자에 대한 사회복귀를 촉진하고 효율적인 범죄예방을 위하여 양자를 병과할 필요성이 있는 점 등을 종합하여 볼 때, 형법 제62조에 의하여 집행유예를 선고할 경우에는 같은 법 제62조의2 제1항에 규정된 보호관찰과 사회봉사 또는 수강을 동시에 명할 수 있다고 해석함이 상당하다.

ⓑ (X) [大判 2007. 7. 27, 2007도768] 집행유예기간 중에 범한 죄에 대하여 형을 선고할 때에, 집행유예의 결격사유를 정하는 현행 형법 제62조 제1항 단서 소정의 요건에 해당하는 경우란, 이미 집행유예가 실효 또는 취소된 경우와 그 선고 시점에 미처 유예기간이 경과하지 아니하여 형 선고의 효력이 실효되지 아니한 채로 남아 있는 경우로 국한되고, 집행유예가 실효 또는 취소됨이 없이 유예기간을 경과한 때에는 위 단서 소정의 요건에 해당하지 않으므로, 집행유예기간 중에 범한 범죄라고 할지라도 집행유예가 실효 또는 취소됨이 없이 그 유예기간이 경과한 경우에는 이에 대해 다시 집행유예의 선고가 가능하다.

정답 ①

75. A~D의 괄호 안에 들어갈 숫자를 모두 더한 것은?

A. ( )년 이하의 징역 또는 금고의 형을 선고할 경우에 제51조의 사항을 참작하여 그 정상에 참작할 만한 사유가 있는 때에는 ( )년 이상 ( )년 이하의 기간 형의 집행을 유예할 수 있다. 다만, 금고 이상의 형을 선고한 판결이 확정된 때부터 그 집행을 종료하거나 면제된 후 ( )년까지의 기간에 범한 죄에 대하여 형을 선고하는 경우에는 그러하지 아니하다.

B. ( )년 이하의 징역이나 금고, 자격정지 또는 벌금의 형을 선고할 경우에 제51조의 사항을 참작하여 개전의 정상이 현저한 때에는 그 선고를 유예할 수 있다. 형의 선고를 유예하는 경우에 재범방지를 위하여 지도 및 원호가 필요한 때에는 보호관찰을 받을 것을 명할 수 있으며, 그 기간은 ( )년으로 한다.
C. 징역 또는 금고의 집행 중에 있는 자가 그 행상이 양호하여 개전의 정이 현저한 때에는 무기에 있어서는 ( )년, 유기에 있어서는 형기의 ( )분의 ( )을 경과한 후 행정처분으로 가석방을 할 수 있다.

① 25 ② 26 ③ 27
④ 28 ⑤ 29

※ 괄호 안에 들어갈 숫자는 차례대로 A(3, 1, 5, 3), B(1, 1), C(10, 3, 1)이다. 따라서 합계는 28이다.

정답 ④

76. 성년인 甲은 2003. 9. 1. 간통죄(법정형 2년 이하의 징역)를 범하고, 2003. 10. 1. 특수절도죄(법정형 1년 이상 10년 이하의 징역)를 범하였는데, 2004. 2. 2. 위 각 죄를 모두 인정하여 유죄판결을 선고하려고 한다. 甲에게 〈보기 1〉의 ㄱ, ㄴ, ㄷ 중 어느 하나의 전과가 있는 경우에 〈보기 2〉의 각 기술 중 옳은 것(O)과 옳지 않은 것(X)을 올바르게 조합한 것은? (설문에서 제시된 이외의 형의 가중, 감면 사유는 없다)

〈보기 1〉
ㄱ. 사기죄로 징역 1년의 형을 선고받고 1999. 1. 5. 형의 집행을 종료하였다.
ㄴ. 사기죄로 징역 1년의 형을 선고받고 2001. 1. 5. 형의 집행을 종료하였다.
ㄷ. 사기죄로 징역 1년에 집행유예 2년을 선고받은 판결이 2001. 12. 1. 확정되었다.

〈보기 2〉
A. ㄱ전과가 있는 경우 징역 1년에 집행유예 2년을 선고할 수 있다.
B. ㄱ전과가 있는 경우 선고할 수 있는 징역형의 상한은 15년이다.
C. ㄴ전과가 있는 경우 선고할 수 있는 징역형의 하한은 2년이다.
D. ㄴ전과가 있는 경우 징역 2년에 집행유예 3년을 선고할 수 있다.
E. ㄷ전과가 있는 경우 집행유예를 선고할 수 있다.
F. ㄷ전과가 있는 경우 선고할 수 있는 징역형의 하한은 1년 6월이다.

① A(O), B(X), C(O), D(O), E(X), F(X)
② A(O), B(X), C(O), D(O), E(O), F(X)
③ A(X), B(O), C(X), D(X), E(O), F(X)
④ A(O), B(O), C(O), D(O), E(O), F(X)
⑤ A(O), B(X), C(X), D(X), E(O), F(X)
⑥ A(O), B(X), C(O), D(X), E(X), F(X)
⑦ A(X), B(X), C(O), D(O), E(X), F(O)
⑧ A(X), B(X), C(O), D(X), E(X), F(O)

❋ 설문의 간통죄와 특수절도죄는 동시적 경합범에 해당하므로 형법 제38조 제1항 제2호에 의하여 가중을 하면 처단형의 범위는 1년 이상 12년 이하의 징역이다(가중의 경우 형의 장기를 합산한 형기를 초과할 수 없다는 것을 주의하여야 한다).

A (O) 사기죄로 징역 1년의 형을 선고받고 1999.1.5. 형의 집행을 종료하였으므로 집행유예의 결격기간은 1999.1.5.부터 2002.1.5.까지이다. 간통죄와 특수절도죄는 이 기간에 범한 죄가 아니므로 집행유예의 결격사유가 없으므로 처단형의 범위내인 징역 1년을 선택한 후 집행유예가 가능하다.

B (X) 간통죄와 특수절도죄는 동시적 경합범이므로 제38조 제1항 2호(가장 중한 죄에 정한 장기 또는 다액에 그 2분의 1까지 가중하되 각 죄에 정한 장기 또는 다액을 합산한 형기 또는 액수를 초과할 수 없다)에 의해서 선고할 수 있는 형기는 1년 이상 12년 이하이다.

C (X) 사기죄로 징역 1년의 형을 선고받고 2001.1.5. 형의 집행을 종료하였으므로 간통죄와 특수절도죄는 누범시효기간내의 범죄이므로 누범에 해당한다. 형법 제56조에 의하여 먼저 누범가중을 하면 간통죄는 4년 이하의 징역, 특수절도죄는 1년 이상 20년 이하의 징역이 되고(장기만 2배 가중) 여기에 다시 경합범가중을 하면 1년 이상 24년 이하의 징역(장기를 합산한 형기를 초과할 수 없음)을 선고할 수 있다. 따라서 ㄴ전과가 있는 경우 선고할 수 있는 징역형의 하한은 1년이다.

D (X) 사기죄로 징역 1년의 형을 선고받고 2001.1.5. 형의 집행을 종료하였으므로 집행유예의 결격기간은 2001.1.5.부터 2004.1.5.까지이다. 간통죄와 특수절도죄는 이 기간에 범한 죄에 해당하므로 집행유예를 선고할 수 없다.

E (O) [大判 2007. 2. 8, 2006도6196] 집행유예 기간 중에 범한 죄에 대하여 형을 선고할 때에, 집행유예의 결격사유를 정하는 형법 제62조 제1항 단서 소정의 요건에 해당하는 경우란, 이미 집행유예가 실효 또는 취소된 경우와 그 선고 시점에 미처 유예기간이 경과하지 아니하여 형 선고의 효력이 실효되지 아니한 채로 남아 있는 경우로 국한되고, 집행유예가 실효 또는 취소됨이 없이 유예기간을 경과한 때에는, 형의 선고가 이미 그 효력을 잃게 되어 '금고 이상의 형을 선고'한 경우에 해당한다고 보기 어려울 뿐 아니라, 집행의 가능성이 더 이상 존재하지 아니하여 집행종료나 집행면제

의 개념도 상정하기 어려우므로 위 단서 소정의 요건에 해당하지 않는다고 할 것이므로, 집행유예 기간 중에 범한 범죄라고 할지라도 집행유예가 실효 취소됨이 없이 그 유예기간이 경과한 경우에는 이에 대해 다시 집행유예의 선고가 가능하다.

F (X) 형의 집행유예기간 중에 범한 죄는 누범이 될 수 없다[大判 1983. 8. 23, 83도1600]. 따라서 간통죄와 특수절도죄는 누범이 아니므로 오직 경합범가중만 하면 선고할 수 있는 처단형의 범위는 1년 이상 12년 이하의 징역이다.

정답 ⑤

77. 성년인 甲과 乙은 2004. 10. 1. 합동하여 특수절도죄(법정형 : 1년 이상 10년 이하의 징역)를 범하였다는 사실로 기소되어 재판을 받았고, 법원은 2006. 12. 1. 두 사람 모두에게 유죄 판결을 선고하려고 한다. 甲과 乙에게 아래와 같은 전과가 있는 경우 A ~ E의 설명 중 옳은 것(O)과 옳지 않은 것(X)을 올바르게 조합한 것은?

ㄱ. 甲은 2002. 5. 1. 특수절도죄로 징역 3년의 확정 판결을 선고받고 복역하던 중 2003. 8. 15. 가석방 출소하여 2005. 3. 1. 가석방기간이 지났다.
ㄴ. 乙은 2001. 12. 5. 간통죄로 징역 1년을 선고받고 복역하다가 2002. 10. 5. 만기 출소하여 그 형의 집행을 종료하였다.

A. 甲에 대하여는 집행유예를 선고할 수 없다.
B. 甲은 누범에 해당한다.
C. 乙은 누범에 해당한다.
D. 乙에 대하여는 집행유예를 선고할 수 없다.
E. 乙에 대하여는 징역 15년까지 선고할 수 있다.

① A(O), B(X), C(O), D(O), E(X)
② A(O), B(X), C(O), D(O), E(O)
③ A(X), B(O), C(X), D(X), E(O)
④ A(O), B(O), C(O), D(O), E(O)
⑤ A(O), B(O), C(O), D(O), E(X)
⑥ A(O), B(X), C(O), D(X), E(X)
⑦ A(X), B(X), C(O), D(O), E(X)
⑧ A(X), B(X), C(O), D(X), E(X)

해설

A (O) 금고 이상의 형을 선고한 판결이 확정된 때부터 그 집행을 종료하거나 면제된 후 3년까지의 기간에 범한 죄에 대하여 형을 선고할 경우에는 집행유예를 할 수 없

다(제62조 제1항 단서). 따라서 甲에 대하여는 특수절도죄로 징역 3년의 판결이 확정된 때인 2002.5.1.부터 집행종료 된 것으로 간주되는 가석방기간이 만료시인 2005.3.1. 후 3년까지의 기간(이를 집행유예의 결격기간이라고 한다)에 범한 죄에 대해서는 집행유예를 할 수 없다. 사안에서 甲은 집행유예의 결격기간 내인 2004.10.1. 특수절도죄를 범하였으므로 동죄에 대하여 집행유예를 선고할 수 없다.

B (X) 금고 이상의 형을 받아 그 집행을 종료하거나 면제를 받은 후 3년 내에 금고 이상에 해당하는 죄를 범한 자는 누범으로 처벌한다(제35조). 가석방은 가석방의 처분을 받은 후 그 처분의 실효 또는 취소됨이 없이 무기에 있어서는 10년, 유기형에 있어서는 그 잔형기를 경과한 때에는 형의 집행을 종료한 것으로 간주되는 것이므로 아직 가석방기간 중일 때에는 형집행 종료라고 볼 수 없기 때문에 가석방기간 중의 재범에 대하여는 그 가석방된 전과사실 때문에 누범가중처벌되지 아니한다[大判 1976. 9. 14, 76도2071].

※ 甲의 2004.10.1.의 특수절도죄는 가석방 기간 중에 범한 것이므로 누범에 해당하지 않는다.

C (O) 乙은 간통죄에 대한 형의 집행 종료(2002.10.5.) 후 3년 내인 2004.10.1. 특수절도죄를 범하였으므로 누범에 해당한다.

D (O) 乙에 대하여는 간통죄로 징역 1년의 판결이 확정된 때인 2001.12.5.부터 그 집행이 종료 된 2002.10.5. 후 3년까지의 기간(이를 집행유예의 결격기간이라고 한다)에 범한 죄에 대해서는 집행유예를 할 수 없다. 사안에서 乙은 집행유예의 결격기간 내인 2004.10.1. 특수절도죄를 범하였으므로 동죄에 대하여 집행유예를 선고할 수 없다.

E (X) 乙의 특수절도죄는 누범에 해당하므로 장기 2배까지 가중한다(제35조 제2항). 따라서 乙에 대한 처단형은 1년 이상 20년 이하의 징역이 되므로 징역 20년까지 선고할 수 있다.

정답 ①

78. 살인죄에 관한 설명 중 옳지 않은 것을 모두 고른 것은?

ㄱ. 사생아가 아님에도 불구하고 사생아라 오인하고 치욕을 은폐할 동기로 영아를 살해한 경우에는 보통살인죄가 성립한다.

ㄴ. 촉탁·승낙살인죄의 경우 살해의 촉탁에 응하거나 승낙을 얻을 시에 실행의 착수가 있다.

ㄷ. 촉탁 또는 승낙이 있는 것으로 오인하고 살해한 때에는 제15조 제1항에 의하여 보통살인죄가 아니라 촉탁·승낙살인죄의 죄책을 진다.

ㄹ. 자살을 교사 받은 자가 자살을 하지 않으면 교사자는 자살교사미수범이 되지 않는다.

ㅁ. 자살을 교사하여 자살결의를 하게 한 후 다시 그의 촉탁을 받아 살해한 경우에는 촉탁살인죄만 성립한다.
ㅂ. 甲은 乙이 분신자살하겠다는 생각을 하고 있음을 알고 그를 도와줄 의도로 乙의 분신자살이 조국과 민족을 위한 행위로 미화될 것이며, 사후의 장례를 포함한 모든 문제를 책임진다는 점을 암시하는 내용의 유서를 작성하여 乙에게 주었는데, 그 후 乙이 분신자살을 한 경우 甲은 자살방조죄이다.
ㅅ. 甲은 그의 애인 乙과의 혼인을 반대하는 양가 부모 때문에 괴로워하다가 乙에게 함께 죽자고 제의하여 함께 음독하였으나 甲이 살아난 경우에 甲은 자살방조죄이다.
ㅇ. 자살교사·방조죄에서의 내부참가자 상호간에는 형법총칙상의 공범규정이 적용되지 아니한다.
ㅈ. 甲은 중풍에 시달리는 자신의 시어머니 A에게 자살할 것을 권유하였다. A는 며느리 甲의 말이 옳다고 생각하여 자신의 아들 乙에게 “수면장애가 있으니 수면제를 구해 달라”고 하여 수차례 乙로부터 수면제를 건네받았다(이 때 乙은 A가 자살하려 한다는 사실을 알고 있었다). A는 치사량으로 충분하다고 생각하여 그 동안 건네받은 수면제를 한꺼번에 복용하였다. 그러나 수면제는 치사량에 턱없이 모자라는 분량이었던 경우 甲은 자살교사의 불능미수죄, 乙은 자살방조의 불능미수죄로 처벌된다.
ㅊ. 甲이 자기의 비위를 거스르는 사람은 누구든지 죽여 버리기 위하여 칼을 구입한 경우라도 甲을 살인예비죄로는 처벌할 수 없다.

① ㄱ, ㄴ, ㄷ, ㄹ, ㅅ, ㅊ
② ㄱ, ㄴ, ㄹ, ㅅ, ㅈ
③ ㄱ, ㄴ, ㄹ, ㅅ
④ ㄴ, ㄷ, ㄹ, ㅁ, ㅅ, ㅈ
⑤ ㄷ, ㅁ, ㅂ, ㅅ, ㅇ
⑥ ㄹ, ㅁ, ㅅ, ㅈ, ㅊ
⑦ ㄱ, ㄴ, ㄷ, ㄹ, ㅁ, ㅇ, ㅈ, ㅊ
⑧ ㄱ, ㄴ, ㄷ, ㄹ, ㅁ, ㅅ, ㅈ, ㅊ

ㄱ. (X) 영아살해죄가 성립한다. 동기는 외부적 사정에 의해 정해지는 것이 아니라 행위자의 내심상태에 의해서 정해지고, 동기가 생긴 이유는 불문한다.

ㄴ. (X) 행위자가 실행행위를 개시한 때 실행의 착수가 있다. 살해의 촉탁을 받아 이에 응하거나 승낙을 얻는 것도 이 죄의 구성요건에 해당하는 행위를 개시한 것으로

볼 수 있다. 그러나 이 단계에서는 생명침해에 대한 유형적 인과가능성과 현실적 위험성이 없기 때문에 살해행위를 기준으로 해야 한다.

ㄷ. (O) 특별히 중한 죄가 되는 사실을 인식하지 못한 행위는 중한 죄로 벌하지 아니한다(형법 제15조 제1항).

ㄹ. (X) 본 죄는 총칙상의 공범이 아니라 독립된 공범처벌규정이므로 피해자의 자살행위를 기준으로 할 것 아니라 행위자의 교사·방조행위를 기준으로 실행의 착수를 논해야 한다. 즉 교사행위, 방조행위 자체가 이 죄의 실행의 착수가 되므로 상대방의 자살행위가 없는 때에도 본 죄의 미수범이 성립한다.

ㅁ. (O) 자살교사와 촉탁살인죄가 경합한 때, 촉탁살인죄만 성립한다. 양자는 보충관계에 의한 법조경합에 해당되고, 촉탁살인죄가 기본법이고 자살교사죄는 보충법이 된다.

ㅂ. (O) 자살교사방조죄는 사람을 교사·방조하여 자살하게 함으로써 성립하는 범죄이다. 여기서 자살교사란 자살할 의사가 없는 자에게 자살을 결의하게 하는 것이고, 자살방조란 이미 자살을 결의하고 있는 자에게 원조를 하여 자살을 용이하게 하는 것이다. 甲은 유서를 대필하여 줌으로써 자살하려는 乙에게 자살의 동기와 명분을 주어 자살을 용이하게 실행하도록 하였던 바, 이는 정신적·물질적 방조에 해당한다. 따라서 甲에게는 자살방조죄가 성립한다[大判 1992. 7. 24, 92도1148].

ㅅ. (X) 이 경우에는 甲의 제의에 의해 乙이 자살할 의사를 가지게 된 것이므로 자살교사죄로 보는 것이 타당하다. 만약 乙이 생존한 경우에는 자살에 동의한 乙에게 자살방조죄가 성립될 수 있을 것이다.

ㅇ. (O) 자살교사·방조죄는 필요적 공범이기 때문이다.

ㅈ. (O) 甲의 교사와 乙의 방조에 의한 A의 자살행위가 수단의 착오로 결과발생이 불가능하더라도, A의 생명침해의 위험성이 있는 행위에 관여한 甲은 자살교사의 불능미수죄, 乙은 자살방조의 불능미수죄로 처벌된다(제27조, 제252조 제2항, 제254조).

ㅊ. (O) 살인예비죄가 성립하기 위해서는 살해의 대상자가 구체적으로 특정되어야 하므로 사례의 경우 살인예비죄가 성립하지 아니한다.
살해의 용도에 공하기 위한 흉기를 준비하였다 하더라도 그 흉기로서 살해할 대상자가 확정되지 아니한 한 살인예비죄로 다스릴 수 없다[大判 1959. 9. 1, 4292형상387].

정답 ③

79. 자유침해의 죄에 대한 다음 기술 중에서 옳은 것 2개와 옳지 않은 것 2개로 묶인 것은?(순서는 불문한다)

(a) 인질강요죄의 강요에 인질에 대한 강요는 포함되지 않는다.
(b) 미성년자를 약취유인한 자가 피인취자를 계속하여 감금한 경우에는 감금죄는 본죄에 흡수된다.

(c) 18세의 여자를 유흥주점에 팔 생각으로 유인하여 자기 집에 데리고 있으면서 강간한 후, 유흥주점 업주에게 넘기려다 검거된 경우 미성년자 유인죄와 강간죄의 경합범으로 처벌된다.
(d) 인질강요죄에서 인질석방에 대한 감경규정(제324조의6)은 중지미수의 일반적 요건인 행위자의 자의성을 요건으로 한다.
(e) 결혼목적으로 약취한 뒤 피해자와 합의해서 실제로 결혼하여도 결혼목적약취죄는 성립한다.
(f) 미성년자의 보호자가 미성년자의 의사에 반하여 인취행위에 동의하면 이 죄의 공범이 될 수 있다.
(g) 30대 초반의 가정을 가진 남성인 직장상사가 20대 초반의 미혼 여성인 피해자에 대하여 그 의사에 명백히 반하기는 하였지만 피해자의 어깨를 주무르고 껴안는 정도로는 강제추행에 해당한다고 할 수 없다.
(h) 형법 제305조의 미성년자의제강제추행죄의 성립에 필요한 주관적 구성요건요소는 고의만으로 충분하고, 그 외에 성욕을 자극·흥분·만족시키려는 주관적 동기나 목적까지 있어야 하는 것은 아니다.

① a, b, c, d　　② b, c, d, h
③ c, d, e, f　　④ a, e, f, h
⑤ a, e, f, g

해설

(a) (O) 강요의 상대방은 인질을 제외한 제3자라야 한다.

(b) (X) 미성년자를 유인한 자가 계속하여 미성년자를 불법하게 감금하였을 때에는 미성년자유인죄 이외에 감금죄가 별도로 성립한다[大判 1998. 5. 26, 98도1036].

(c) (X) 미성년자라도 추행, 간음 또는 영리의 목적으로 약취·유인한 경우에는 영리 등 목적 약취·유인죄가 성립한다(특별관계). 다만 부녀를 매매하여 영리를 취득할 목적인 때에도 영리목적에 해당하는지에 대해서도 다툼이 있을 수 있으나 일회적으로 부녀를 매매하여 이익을 얻는 것도 영리의 목적으로 보아야 한다. 따라서 18세의 미성년자라도 그를 팔아 매매대금을 취득할 목적이 있으면 '영리목적유인죄'가 성립하고 강간죄와 경합범이 된다. 또한 사안의 경우라면 부녀매매죄의 미수에도 해당한다.

(d) (X) 인질석방에 대한 감경규정(제324조의6)은 이를 새로운 유형의 중지범이라는 견해도 있으나, 자의성이 그 요건이 아니고 기수범에게도 인정되면서 필요적 감면이 아니라 임의적 감경만을 허용한다는 점에서 범인에게 중지의 유혹을 줌으로써 인질의 안전을 보호하려는 형사정책적 효과만 노린 순수한 양형규정으로 보아야 한다.

(e) (O) 결혼목적약취죄가 성립하면 사후추인은 범죄의 성립에 영향이 없다.

(f) (O) 미성년자약취·유인죄의 행위의 주체는 자연인이면 제한이 없으며, 실부모도

본죄의 주체가 될 수 있고 공범으로 가담할 수도 있다.

(g) (X) 직장 상사가 등 뒤에서 피해자의 의사에 명백히 반하여 어깨를 주무른 경우, 여성에 대한 추행에 있어 신체 부위에 따라 본질적인 차이가 있다고 볼 수 없다는 이유로 추행에 해당한다고 한 사례[大判 2004. 4. 16, 2004도52].

(h) (O) 형법 제305조의 미성년자의제강제추행죄는 '13세 미만의 아동이 외부로부터의 부적절한 성적 자극이나 물리력의 행사가 없는 상태에서 심리적 장애 없이 성적 정체성 및 가치관을 형성할 권익'을 보호법익으로 하는 것으로서, 그 성립에 필요한 주관적 구성요건요소는 고의만으로 충분하고, 그 외에 성욕을 자극·흥분·만족시키려는 주관적 동기나 목적까지 있어야 하는 것은 아니다. 따라서 초등학교 4학년 담임교사(남자)가 교실에서 자신이 담당하는 반의 남학생의 성기를 만진 행위는 미성년자의제강제추행죄에서 말하는 '추행'에 해당한다[大判 2006. 1. 13, 2005도6791].

정답 ③

80. 다음 설명 중 옳은 것(O)과 옳지 않은 것(X)의 표시가 올바른 것은?

㉠ 甲男이 15세의 乙女를 반항이 현저히 곤란할 정도로 폭행하고 간음한 경우 미성년자 등 간음죄가 성립한다.
㉡ 甲男이 12세의 乙女에게 옷을 한 벌 사주고 乙女의 동의를 받아 간음한 경우 현행 형법상 미성년자 등 간음죄로 처벌된다.
㉢ 경찰관 甲男이 범죄혐의를 받고 경찰서 유치장에 감금되어 있는 평소 좋아했던 25세인 乙女의 승낙을 받고 간음을 한 경우에는 무죄이다.
㉣ 甲男이 乙女에게 수면제를 탄 음료수를 제공하여 심신상실의 상태라고 할 수 있는 깊은 잠에 빠진 乙女를 간음한 경우는 준강간죄가 성립한다.

① ㉠-(O), ㉡-(X), ㉢-(X)
② ㉠-(X), ㉡-(O), ㉢-(X)
③ ㉡-(X), ㉢-(X), ㉣-(O)
④ ㉡-(X), ㉢-(O), ㉣-(X)
⑤ ㉠-(O), ㉢-(X), ㉣-(O)
⑥ ㉠-(O), ㉢-(O), ㉣-(X)
⑦ ㉡-(X), ㉢-(X), ㉣-(X)
⑧ ㉠-(O), ㉡-(X), ㉢-(O)

해설

㉠ (X) 비록 미성년자나 심신미약자를 간음하더라도 그 수단이 (최협의의) 폭행·협박일 때에는 강간죄가 성립하는 것이지, 위계 또는 위력이 수단인 미성년자 등 간음

죄가 성립하는 것은 아니다.

㉡ (X) 13세 미만의 부녀일 경우에는 특별한 수단을 필요로 하지 않을 뿐만 아니라 그 동의유무를 불문하고 의제강간죄로 처벌된다(형법 제305조).

㉢ (X) 피구금부녀간음죄는 피구금부녀의 동의여부와 관계없이 처벌된다. 왜냐하면 본죄의 주된 보호법익은 성적 자기결정의 자유이지만 감호자의 청렴성에 대한 일반인의 신뢰도 부차적 보호법익이기 때문이다.

㉣ (X) 적극적으로 수면제나 마취제 등을 먹여 심신상실의 상태에 빠지게 하여 간음한 경우에는 강간죄가 성립한다.

정답 ⑦

81. 다음의 〈설명〉은 형법에 규정되어 있는 강제적 성범죄의 체계에 대한 개관이다. 이를 바탕으로 〈보기〉의 지문 (가)~(마) 중에서 옳은 설명을 모두 조합한 것은?

〈설명〉

형법은 강간죄와 강제추행죄를 대표적인 강제적 성범죄로 규정하며, ■두 범죄의 예에 의하여 처벌되는 범죄유형을 부가적으로 규정하고 있다. 아울러 몇 개의 독립적 범죄유형도 규정하는데, 그 중에는 행위태양의 면에서 ■간음과 추행이 모두 처벌되는 유형이 있는가 하면 ■간음만 처벌되는 유형도 있고, 또 행위수단의 면에서 ■위계 또는 위력의 사용이 모두 처벌되는 유형이 있는가 하면 ■위계의 사용만 처벌되는 유형도 있고 심지어 ■상대의 동의를 얻은 경우에도 처벌되는 유형까지 있다.

〈보기〉

(가) 12세의 여아를 고등학생으로 생각하여 화간(和姦)한 경우는 ㅁ에 해당된다.

(나) 심신미약자를 대상으로 한 독립적 성범죄는 ㅁ와 ㅁ에 해당된다.

(다) 업무관계로 자기의 보호 또는 감독을 받는 부녀를 대상으로 하는 독립적 성범죄는 ㅁ와 ㅁ에 해당된다.

(라) 법률에 의하여 구금된 부녀를 감호하는 자가 그 부녀에 대하여 범하는 독립적 성범죄는 ㅁ와 ㅁ에 해당된다.

① (가) (나) (다)　　② (나) (다) (라)
③ (나) (다)　　④ (다) (라)
⑤ (가) (나)　　⑥ (나)
⑦ (나) (라)　　⑧ (라)

해설

(가) (X) 의제강간죄가 되는지 묻는 것인데, 상대가 13세 미만의 부녀라는 점에 대한 인식이 있어야 의제강간죄의 고의가 성립되는 것이므로, 이 사안에서는 고의가 조각되고 과실의제강간은 처벌되지 않으므로 무죄이다.

(나) (O) 형법 제302조의 미성년자등에 대한 간음죄가 그러하다.

(다) (O) 형법 제303조 1항의 업무상위력등에 의한 간음죄가 그러하다.

(라) (X) 형법 제303조의 피구금부녀간음죄는 간음만 처벌하고 추행은 처벌하지 않는다.

정답 ⑥

82. 신문기자 甲은 익명의 제보자로부터 지방자치단체장 선거에 출마중인 후보자 乙의 탈세에 관한 제보를 받아, 이를 공개하는 것이 공공의 이익을 위한 것이라고 믿고 제보내용을 지역일간지에 게재하였으나, 그 내용은 다른 후보자측에서 조작한 허위사실로 밝혀졌다. 다음 설명 중 옳지 않은 것은?

① 출판물에 의한 명예훼손이라고 하더라도 그 내용이 공공의 이익에 관한 때에는 특별한 사정이 없는 한 비방의 목적이 부인되므로 형법 제307조에 의한 명예훼손죄의 성립여부가 문제된다.

② 형법 제310조에 의하여 위법성이 조각되기 위해서는 그 행위가 진실한 사실로서 오로지 공공의 이익에 관한 것이어야 하는바, '진실한 사실'이란 그 내용 전체의 취지를 살펴볼 때 중요한 부분이 객관적 사실과 합치되는 사실이라는 의미로서 세부에 있어 진실과 약간 차이가 나거나 다소 과장된 표현이 있더라도 무방하다.

③ 판례의 입장에 따르면 결국 적시한 사실이 허위로 판명되었으므로 위법성이 조각될 여지는 없으며 단지 책임이 조각될 수 있을 따름이다.

④ 엄격책임설에 따르면 이 사례에서는 책임이 조각된다고 보기 힘들다.

⑤ 소극적 구성요건표지이론이나 제한적 책임설에 의하면 결국 甲은 처벌되지 않는다.

해설

① (O) [大判 1998. 10. 9, 97도158] 적시한 사실이 공공의 이익에 관한 것인 경우에는 특별한 사정이 없는 한 비방 목적은 부인된다고 봄이 상당하므로 이와 같은 경우에는 형법 제307조 제1항 소정의 명예훼손죄의 성립 여부가 문제될 수 있고 이에 대하여는 다시 형법 제310조에 의한 위법성 조각 여부가 문제로 될 수 있다.

② (O) [大判 2000. 2. 25, 98도2188] 공연히 사실을 적시하여 사람의 명예를 훼손한 행위가 처벌되지 않기 위하여는 적시된 사실이 객관적으로 볼 때 공공의 이익에 관한 것으로서 행위자도 공공의 이익을 위하여 그 사실을 적시한 것이어야 될 뿐만 아니라, 그 적시된 사실이 진실한 것이거나 적어도 행위자가 그 사실을 진실한 것으로 믿었고, 또

그렇게 믿을 만한 상당한 이유가 있어야 하는 것인바, 여기에서 '진실한 사실'이란 그 내용 전체의 취지를 살펴볼 때 중요한 부분이 객관적 사실과 합치되는 사실이라는 의미로서 세부(細部)에 있어 진실과 약간 차이가 나거나 다소 과장된 표현이 있더라도 무방한 것이며, 나아가 '공공의 이익'에는 널리 국가 · 사회 기타 일반 다수인의 이익에 관한 것뿐만 아니라 특정한 사회집단이나 그 구성원 전체의 관심과 이익에 관한 것도 포함되는 것으로서, 적시된 사실이 공공의 이익에 관한 것인지 여부는 당해 적시 사실의 내용과 성질, 당해 사실의 공표가 이루어진 상대방의 범위, 그 표현의 방법 등 그 표현 자체에 관한 제반 사정을 감안함과 동시에 그 표현에 의하여 훼손되거나 훼손될 수 있는 명예의 침해 정도 등을 비교 · 고려하여 결정하여야 하고, 행위자의 주요한 동기 내지 목적이 공공의 이익을 위한 것이라면 부수적으로 다른 사익적 목적이나 동기가 내포되어 있더라도 형법 제310조의 적용을 배제할 수 없다.

③ (X) [大判 1996. 8. 23, 94도3191] 형법 제307조 제1항의 죄로 처벌할 여지가 있을 뿐이라고 전제한 다음, 명예훼손죄에 있어서는 개인의 명예보호와 정당한 표현의 자유보장이라는 상충되는 두 법익의 조화를 꾀하기 위하여 형법 제310조를 규정하고 있으므로 적시된 사실이 공공의 이익에 관한 것이면 진실한 것이라는 증명이 없다 할지라도 행위자가 진실한 것으로 믿었고 또 그렇게 믿을 만한 상당한 이유가 있는 경우에는 위법성이 없다.

④ (O) 엄격책임설에 따르면 허위의 사실을 진실한 사실로 오인한 데 대한 정당한 이유가 있는 한 책임이 조각되어 처벌되지 않는다. 이 사례에서는 기자가 익명의 제보를 사실확인 없이 믿었다는 점에서 정당한 이유를 인정하기 힘들다.

⑤ (O) 소극적 구성요건표지이론 또는 제한적 책임설에 따르면 구성요건적 고의 또는 고의책임이 조각되고 과실이 있는 때에는 과실범으로 처벌될 수 있다. 그러나 명예훼손죄에 대해서는 과실범처벌규정이 없으므로 결국 甲은 처벌되지 않는다.

정답 ③

83. 다음 사례 중 적어도 甲이 형 면제 또는 책임조각에 해당할 수 있는 경우를 모두 고르면?(다툼이 있는 경우 판례에 의함)

〈사례〉

가. 아버지 乙은 甲에게 乙이 임시로 보관하고 있는 丙의 물건을 甲이 보관해달라고 부탁하였다. 후에 아버지 乙이 아들 甲에게 물건의 반환을 요구하였으나 甲은 이미 물건을 팔아 버리고 남겨 놓지 않았다.

나. 乙이 생활비가 궁해서 강도를 계획하고 있음을 알게 된 甲은 乙에게 직접 전화를 해서 강도하기 쉬운 장소와 유의할 점에 대해서 일일이 가르쳐 주었다. 乙은 전화를 받고 더욱 용기를 얻어 甲이 가르쳐준 장소로 가다가 갑자기 이러면 안 된다는 생각으로 다시 돌아와 버렸다.

다. 甲은 같이 살고 있는 형의 라디오가 탐나서 이를 절취할 목적으로 친구 乙에게 형의 라디오를 훔쳐달라고 부탁하였고 乙은 라디오를 훔쳐 왔다. 하지만 소지에 어려움을 느낀 甲은 이를 팔아서 일정부분의 돈을 乙에게 주었다.

라. 甲과 乙은 공모하여 丙으로부터 직무에 관하여 뇌물을 수수하였다. 후에 이를 들킬 위험이 있자, 甲은 자신의 증거를 인멸하였다. 이때 甲의 증거인멸은 동시에 乙에 대한 증거의 인멸이 되었다.

마. 甲은 범죄의 발각이 두려워지고 처벌이 중대할 것을 걱정한 나머지, 경찰서에 출두하여 자신의 범죄 사실을 자수하였다. 하지만, 곧 이를 후회하고 법정에서는 자신의 범죄를 강력 부인하였다.

바. 甲은 흡입할 목적으로 대마를 구입하였다. 하지만 이를 갖고 나오다가 양심의 가책과 처벌의 두려움으로 인해 흡입하지 않고 이를 강물에 버렸다.

사. 甲은 MP3 파일 공유를 위한 P2P 프로그램인 소리바다 프로그램을 개발하여 이를 무료로 널리 제공하였으며, 그 서버를 설치·운영하면서 프로그램 이용자들의 접속정보를 서버에 보관하여 다른 이용자에게 제공함으로써 이용자들이 용이하게 음악 MP3 파일을 다운로드 받아 자신의 컴퓨터 공유폴더에 담아 둘 수 있게 하였다. 다만, 甲은 프로그램을 이용하는 자가 누구인지는 알 수 없었다.

아. 甲은 경찰관 乙이 적법한 영장 제시도 없이 자신을 연행하자 이를 막기 위해 경찰관 乙을 폭행하였다. 이 폭행으로 인하여 경찰관 乙은 전치 4주의 상해를 입었다.

① 가, 나　　② 가, 나, 라
③ 나, 다, 라, 바　　④ 다, 라, 바
⑤ 다, 마　　⑥ 다, 마, 사
⑦ 다, 마, 사, 아　　⑧ 라, 바, 사, 아

해설

가. 해당하지 않는다. 본죄는 신뢰관계에 대한 위배를 본질로 하므로 위탁자도 피해자가 된다. 따라서 소유자·위탁자 쌍방과 친족관계가 있어야 친족상도례가 적용된다. 사안에서는 위탁자인 乙과는 친족관계가 있으나 소유자인 丙과는 친족관계가 없으므로 친족상도례가 적용되지 않는다. 따라서 형 면제나 책임조각이 되는 경우가 아니다.

[大判 2008. 7. 24, 2008도3438] 횡령범인이 위탁자가 소유자를 위해 보관하고 있는 물건을 위탁자로부터 보관 받아 이를 횡령한 경우에 형법 제361조에 의하여 준용되는 제328조 제2항의 친족간의 범행에 관한 조문은 범인과 피해물건의 소유자 및 위탁자 쌍방 사이에 같은 조문에 정한 친족관계가 있는 경우에만 적용되고, 단지 횡령범인

과 피해물건의 소유자간에만 친족관계가 있거나 횡령범인과 피해물건의 위탁자간에 만 친족관계가 있는 경우에는 적용되지 않는다.

나. 해당하지 않는다. 乙이 실행의 착수에 나아가지 않았으므로 乙에게는 강도예비죄가 성립하고 甲은 강도예비죄의 종범이 되지만 예비의 종범을 인정하지 않는 것이 판례의 태도이므로 甲은 구성요건에 해당하지 않는다. 따라서 형 면제나 책임조각이 되는 경우가 아니다.

[大判 1976. 5. 25, 75도1549] 형법 제32조 제1항 소정 타인의 범죄란 정범이 범죄의 실현에 착수한 경우를 말하는 것이므로 종범이 처벌되기 위하여는 정범의 실행의 착수가 있는 경우에만 가능하고 형법 전체의 정신에 비추어 정범이 실행의 착수에 이르지 아니한 예비의 단계에 그친 경우에는 이에 가공하는 행위가 예비의 공동정범이 되는 경우를 제외하고는 종범의 성립을 부정하고 있다고 보는 것이 타당하다.

다. 해당한다. 직계혈족, 배우자, 동거친족, 동거가족 또는 그 배우자간의 제323조(권리행사방해)의 죄는 그 형을 면제한다(제328조). 제328조의 규정은 제329조(절도) 내지 제332조(상습절도)의 죄 또는 미수범에 준용한다(제344조). 동거가족인 乙의 재물을 절취할 것을 교사하였으므로 친족상도례에 따라서 甲은 형이 면제 된다.

라. 해당하지 않는다. [大判 1995. 9. 29, 94도2608] 증거인멸죄는 타인의 형사사건 또는 징계사건에 관한 증거를 인멸하는 경우에 성립하는 것으로서, 피고인 자신이 직접 형사처분이나 징계처분을 받게 될 것을 두려워한 나머지 자기의 이익을 위하여 그 증거가 될 자료를 인멸하였다면, 그 행위가 동시에 다른 공범자의 형사사건이나 징계사건에 관한 증거를 인멸한 결과가 된다고 하더라도 이를 증거인멸죄로 다스릴 수 없고, 이러한 법리는 그 행위가 피고인의 공범자가 아닌 자의 형사사건이나 징계사건에 관한 증거를 인멸한 결과가 된다고 하더라도 마찬가지이다.
※ 구성요건 해당성이 부정되는 경우이다. 따라서 형 면제나 책임조각이 되는 경우가 아니다.

마. 해당한다. [大判 2002. 8. 23, 2002도46] 피고인이 검찰의 소환에 따라 자진 출석하여 검사에게 범죄사실에 관하여 자백함으로써 형법상 자수의 효력이 발생하였다면, 그 후에 검찰이나 법정에서 범죄사실을 일부 부인하였다고 하더라도 일단 발생한 자수의 효력이 소멸하는 것은 아니다.
※ 형법 제52조(자수, 자복) ① 죄를 범한 후에 수사책임이 있는 관서에 자수한 때에는 그 형을 감경 또는 면제할 수 있다.

바. 해당하지 않는다. [大判 1983. 12. 27, 83도2629] 대마관리법 제19조 제1항 제2호, 제4조 제3호 위반죄는 대마를 매매함으로써 성립하는 것이므로 설사 피고인이 대마 2상자를 사가지고 돌아오다 이 장사를 다시 하게 되면 내 인생을 망치게 된다는 생각이 들어 이를 불태웠다고 하더라도 이는 양형에 참작되는 사유는 될 수 있을지언정 이미 성립한 죄에는 아무 소장이 없어 이를 중지미수에 해당된다 할 수 없다.
※ 매수하였으므로 기수에 해당한다. 따라서 형 면제나 책임조각이 되는 경우가 아니다.

사. 해당하지 않는다. [大判 2007. 12. 14, 2005도872] [1] 저작권법이 보호하는 복제권의 침해를 방조하는 행위란 정범의 복제권 침해를 용이하게 해주는 직접·간접의 모든 행위로서, 정범의 복제권 침해행위 중에 이를 방조하는 경우는 물론, 복제권 침해행위에 착수하기 전에 장래의 복제권 침해행위를 예상하고 이를 용이하게 해주는 경우도 포함하며, 정범에 의하여 실행되는 복제권 침해행위에 대한 미필적 고의가 있는 것으로 충분하고 정범의 복제권 침해행위가 실행되는 일시, 장소, 객체 등을 구체적으로 인식할 필요가 없으며, 나아가 정범이 누구인지 확정적으로 인식할 필요도 없다. [2] P2P 프로그램을 이용하여 음악파일을 공유하는 행위가 대부분 정당한 허락 없는 음악파일의 복제임을 예견하면서도 MP3 파일 공유를 위한 P2P 프로그램인 소리바다 프로그램을 개발하여 이를 무료로 널리 제공하였으며, 그 서버를 설치·운영하면서 프로그램 이용자들의 접속정보를 서버에 보관하여 다른 이용자에게 제공함으로써 이용자들이 용이하게 음악 MP3 파일을 다운로드 받아 자신의 컴퓨터 공유폴더에 담아 둘 수 있게 하고, 소리바다 서비스가 저작권법에 위배된다는 경고와 서비스 중단 요청을 받고도 이를 계속한 경우, MP3 파일을 다운로드 받은 이용자의 행위는 구 저작권법(2006. 12. 28. 법률 제8101호로 전문 개정되기 전의 것) 제2조 제14호의 복제에 해당하고, 소리바다 서비스 운영자의 행위는 구 저작권법상 복제권 침해행위의 방조에 해당한다고 한 사례.

※ 따라서 형 면제나 책임조각이 되는 경우가 아니다.

아. 해당하지 않는다. [大判 2000. 7. 4, 99도4341] [1] 형법 제136조가 규정하는 공무집행방해죄는 공무원의 직무집행이 적법한 경우에 한하여 성립하는 것이고, 여기서 적법한 공무집행이라 함은 그 행위가 공무원의 추상적 권한에 속할 뿐 아니라 구체적 직무집행에 관한 법률상 요건과 방식을 갖춘 경우를 가리키는 것이므로, 경찰관이 적법절차를 준수하지 아니한 채 실력으로 현행범인을 연행하려고 하였다면 적법한 공무집행이라고 할 수 없고, 현행범인이 그 경찰관에 대하여 이를 거부하는 방법으로써 폭행을 하였다고 하여 공무집행방해죄가 성립하는 것은 아니다. [2] 경찰관의 행위가 적법한 공무집행을 벗어나 불법하게 체포한 것으로 볼 수밖에 없다면, 그 체포를 면하려고 반항하는 과정에서 경찰관에게 상해를 가한 것은 불법 체포로 인한 신체에 대한 현재의 부당한 침해에서 벗어나기 위한 행위로서 정당방위에 해당하여 위법성이 조각된다고 한 사례.

※ 공무집행방해죄는 구성요건 해당성이 없고, 상해를 가한 것은 위법성이 조각된다고 보므로 형 면제나 책임조각이 되는 경우가 아니다.

84. **재산죄의 보호법익과 보호정도에 관하여 〈표〉와 같은 주장을 할 경우에 다음의 〈설명〉 중에서 옳지 않은 것은?**

〈표〉

	보호법익	보호정도
절도죄	소유권 +점유	침해범
강도죄	재산권 +신체안전 및 의사자유	침해범
사기죄	재산권	침해범
공갈죄	재산권 +신체안전 및 의사자유	침해범
횡령죄	소유권	위험범
배임죄	재산권	위험범

〈설명〉

(가) 절도죄에 있어서 절취재물의 소유자와 점유자가 다를 경우에 양자 모두 피해자로 취급된다.

(나) 강도죄에 있어서 협박이 상대방에게 공포심을 주지는 못했으나 재물을 취득하였다면 강도죄의 기수가 성립한다.

(다) 사기죄에 있어서 재산상 손해를 입은 자와 피기망자가 다른 경우에 양자가 모두 피해자로 취급된다.

(라) 부동산에 대한 공갈죄는 그 부동산에 관하여 소유권이전등기에 필요한 서류를 교부받은 때에 기수가 된다.

(마) 다른 사람의 재물을 보관하는 사람이 그 사람의 동의 없이 함부로 이를 담보로 제공하는 행위는 사법상 그 담보제공행위가 무효이더라도 횡령죄를 구성한다.

(바) 업무상 임무에 위배하여 부당한 외상 거래행위를 함으로써 업무상 배임죄가 성립하는 경우에 재산상 권리의 실행이 불가능하게 될 염려가 있거나 손해발생의 위험이 있는 외상 거래대금 전액을 그 손해액으로 보아야 한다.

① (가) (나) (다)　② (나) (다) (라)
③ (다) (라) (마)　④ (나) (마) (바)
⑤ (다) (라) (바)　⑥ (나) (마)
⑦ (라) (바)　⑧ (가) (다)

해설

(가) (O) 절도죄의 보호법익을 소유권과 점유로 설정한다면 재물의 소유자와 점유자가 모두 피해자이다. 판례도 마찬가지의 입장이다.

[大判 1980. 11. 11, 80도131] 절도죄는 재물의 점유를 침탈하므로 인하여 성립하는 범죄이므로 재물의 점유자가 절도죄의 피해자가 되는 것이나 절도죄는 점유자의 점유를 침탈하므로 인하여 그 재물의 소유자를 해하게 되는 것이므로 재물의 소유자도 절도죄의 피해자로 보아야 할 것이다. 그러니 형법 제344조에 의하여 준용되는 형법 제328조 제2항 소정의 친족간의 범행에 관한 조문은 범인과 피해물건의 소유자 및 점유자 쌍방간에 같은 조문 소정의 친족관계가 있는 경우에만 적용되는 것이고, 단지 절도범인과 피해물건의 소유자간에만 친족관계가 있거나 절도범인과 피해물건의 점유자간에만 친족관계가 있는 경우에는 그 적용이 없는 것이라고 보는 것이 타당할 것이다.

(나) (X) 재산권 뿐 아니라 신체안전 및 의사자유도 침해되어야 강도죄의 기수가 성립한다. 따라서 이 사안에서는 강도미수죄가 성립한다.

(다) (X) 보호법익이 재산권에 국한된다면 피기망자는 사기죄의 피해자로 되지 못한다.

(라) (X) 공갈죄를 침해범이라고 한다면 부동산에 대한 공갈죄는 그 부동산에 관하여 소유권이전등기를 경료받거나 또는 인도를 받은 때에 기수가 된다고 해야 한다. 판례 역시 마찬가지의 입장이다.

[大判 1992. 9. 14, 92도1506] 부동산에 대한 공갈죄는 그 부동산에 관하여 소유권이전등기를 경료받거나 또는 인도를 받은 때에 기수로 되는 것이고, 소유권이전등기에 필요한 서류를 교부 받은 때에 기수로 되어 그 범행이 완료되는 것은 아니다.

(마) (O) 횡령죄가 위험범이라면 맞는 지문이다. 판례 역시 마찬가지 입장이다.

[大判 2002. 11. 13, 2002도2219] 횡령죄는 다른 사람의 재물에 관한 소유권 등 본권을 그 보호법익으로 하고 본권이 침해될 위험성이 있으면 그 침해의 결과가 발생되지 아니하더라도 성립하는 이른바 위태범이므로, 다른 사람의 재물을 보관하는 사람이 그 사람의 동의 없이 함부로 이를 담보로 제공하는 행위는 불법영득의 의사를 표현하는 횡령행위로서 사법(私法)상 그 담보제공행위가 무효이거나 그 재물에 대한 소유권이 침해되는 결과가 발생하는지 여부에 관계없이 횡령죄를 구성한다.

(바) (O) 배임죄가 위험범이라는 주장에서 이러한 결론이 도출된다. 판례 역시 마찬가지의 입장이다.

[大判 2000. 4. 11, 99도334] 배임죄는 현실적인 재산상 손해액이 확정될 필요까지는 없고 단지 재산상 권리의 실행을 불가능하게 할 염려 있는 상태 또는 손해 발생의 위험이 있는 경우에 바로 성립되는 위태범이므로 피고인이 그 업무상 임무에 위배하여 부당한 외상 거래행위를 함으로써 업무상 배임죄가 성립하는 경우, 담보물의 가치를 초과하여 외상 거래한 금액이나 실제로 회수가 불가능하게 된 외상거래 금액만이 아니라 재산상 권리의 실행이 불가능하게 될 염려가 있거나 손해 발생의 위험이 있는 외상거래대금 전액을 그 손해액으로 보아야 하고, 그것을 제3자가 취득한 경우에는 그 전

액을 특정경제범죄가중처벌등에관한법률 제3조에 규정된 제3자로 하여금 취득하게 한 재산상 이익의 가액에 해당하는 것으로 보아야 할 것이다.

정답 ②

85. 다음의 〈보기〉에서 장물성이 인정되는 것을 모두 고른 것은?(다툼이 있는 경우에는 판례에 의함)

〈보기〉
(a) 리프트탑승권 발매기를 전산조작하여 탑승권을 위조한 후 발매기에서 뜯어낸 탑승권
(b) 편취한 수표를 현금화한 경우
(c) 이중매매된 부동산
(d) 도박죄에 의하여 취득한 재물
(e) 절취한 예금통장을 이용하여 찾은 돈
(f) 임산물단속에 관한 법률위반으로 벌채한 임산물
(g) 장물을 매각한 대금
(h) 장물을 전당잡힌 전당표
(i) 도벌한 목재를 제재 · 반출한 경우
(j) 수뢰죄에 의하여 수수한 뇌물
(k) 장물인 통화를 바꾸어서 얻은 다른 통화
(l) 장물인 귀중품을 금괴로 변형한 경우

① (a) (c) (g)
② (b) (e) (i) (l)
③ (e) (g) (j) (k) (l)
④ (a) (b) (e) (i) (k) (l)
⑤ (a) (c) (d) (e) (j) (l)
⑥ (b) (e) (i) (h) (g) (k)
⑦ (a) (b) (d) (e) (i) (j) (k)
⑧ (b) (e) (h) (i) (j) (k) (l)

해설

(a) (O) [장물성 인정] [大判 1998. 11. 24, 98도2967] 리프트탑승권 발매기를 전산조작하여 위조한 탑승권을 발매기에서 뜯어 간 행위는 탑승권 위조행위와 위조탑승권 절취행위가 결합된 것이므로, 위조탑승권은 장물성이 인정된다.

(b)(k) (O) [장물성 인정] [大判 2000. 3. 10, 98도2579] 장물이라 함은 재산범죄로 인하여 취득한 물건 그 자체를 말하고 그 장물의 처분대가는 장물성을 상실하는 것이지만, 금전은 고도의 대체성을 가지고 있어 다른 종류의 통화와 쉽게 교환할 수 있고, 그 금전 자체는 별다른 의미가 없고 금액에 의하여 표시되는 금전적 가치가 거래상 의미를 가지고 유통되고 있는 점에 비추어 볼 때, 장물인 현금을 금융기관에 예금의 형태로 보관하였다가 이를 반환받기 위하여 동일한 액수의 현금을 인출한 경우에 예금계약의 성질상 인출된 현금은 당초의 현금과 물리적인 동일성은 상실되었지만 액수에 의하여 표시되는 금전적 가치에는 아무런 변동이 없으므로 장물로서의 성질은 그대로 유지된다고 봄이 상당하고, 자기앞수표도 그 액면금을 즉시 지급받을 수 있는 등 현금에 대신하는 기능을 가지고 거래상 현금과 동일하게 취급되고 있는 점에서 금전의 경우와 동일하게 보아야 한다.

(c) (X) [장물성 부정] 장물은 재산범죄에 의하여 영득한 재물이어야 한다. 따라서 범죄에 의하여 작성된 물건 및 재산범죄의 수단으로 제공된 물건은 재산범죄로 영득된 물건이 아니므로 장물이 아니다.(이중매매된 부동산, 양도담보로 제공한 후 다시 타인에게 양도한 부동산→장물 아니다)

[大判 1975. 12. 9, 74도2804] 형법상 장물죄의 객체인 장물이라 함은 재산권의 침해를 가져올 위법행위로 인하여 영득한 물건으로서 피해자가 반환청구권을 가지는 것을 말하고, 본건 대지에 관하여 매수인 甲에게 소유권이전등기를 하여 줄 임무가 있는 소유자가 그 임무에 위반하여 이를 乙에게 매도하고 소유권이전등기를 경유하여 준 경우에는 위 부동산 소유자가 배임행위로 인하여 영득한 것은 재산상의 이익이고 위 배임죄에 제공된 대지는 범죄로 인하여 영득한 것 자체는 아니므로 그 취득자 또는 전득자에게 대하여 배임죄의 가공여부를 논함은 별문제로 하고 장물취득죄로 처단할 수 없다.

(d)(j) (X) [장물성 부정] 본범은 재산죄임을 요한다. 따라서 비재산죄로 인하여 취득한 재물은 장물이 아니다.(뇌물, 도금, 위조통화, 수렵법에 위반하여 포획한 조수→장물 아니다)

(e) (O) [장물성 인정] 절취한 은행예금통장을 이용하여 은행원을 기망해서 진실한 명의인이 예금을 찾는 것으로 오신시켜 예금을 편취한 것이라면 새로운 법익의 침해로 절도죄 외에 따로 사기죄가 성립하므로 절취한 예금통장을 이용하여 찾은 돈은 재산범죄로 인하여 영득한 재물로서 장물이 된다.

[大判 1974. 11. 26, 74도2817] 절취한 은행예금통장을 이용하여 은행원을 기망해서 진실한 명의인이 예금을 찾는 것으로 오신시켜 예금을 편취한 것이라면 새로운 법익의 침해로 절도죄 외에 따로 사기죄가 성립한다.

(f) (X) [장물성 부정] [大判 1975. 9. 23, 74도1804] 장물이라 함은 절도·강도·사기·공갈·횡령 등 재산죄인 범죄행위에 의하여 영득된 물건을 말하는 것이므로 산림법 제93조 소정의 절취한 임산물이 아니고 임산물단속에 관한 법률위반죄에 의하여 생긴 임산물은 재산범죄적 행위에 의한 것이 아니기 때문에 장물이 될 수 없다.

(g) (X) [장물성 부정] 장물의 매각대금, 장물인 금전으로 구입한 물건 등 대체장물이 장물인가에 대하여, 1) 추구권설에 의하면 본범이 영득한 재물에 대해서만 피해자의 추구권이 인정되므로 대체장물은 장물이 아니고, 2) 유지설에 의하여도 위법한 재산상태의 유지 · 존속은 본범에 의해 영득된 재물에 한정되므로 대체장물은 장물이 아니다.

[大判 1972. 6. 13, 72도971] 장물이란 재산죄로 인하여 얻어진 재물(관리할 수 있는 동력도 포함된다)을 말하는 것으로서 영득된 재물 자체를 두고 말한다. 따라서 장물을 팔아서 얻은 돈에는 이미 장물성을 찾아 볼 수 없다.

(h) (X) [장물성 부정] 장물은 재산범죄에 의하여 영득한 재물 그 자체이거나 적어도 그것과 물질적 동일성이 인정되는 것이어야 한다.

[大判 1973. 3. 13, 73도58] 장물을 전당잡힌 전당표는 그것이 장물 그 자체라고 볼 수 없음은 물론 동일성 있는 변형된 물건이라고 볼 수도 없는 것이다.

(i)(1) (O) [장물성 인정] 장물은 재산범죄에 의하여 영득한 재물 그 자체이거나 적어도 그것과 물질적 동일성이 인정되는 것이어야 한다. 어느 정도 원형이 변경되더라도 동일성을 유지하는 경우에는 장물성이 인정된다(귀금속을 금괴로 만든 경우, 도벌한 원목을 제재한 경우).

정답 ④

86. 장물죄의 본질에 대하여 A와 B의 견해에 따라 그 아래의 사례를 검토할 때 장물죄에 대한 甲의 죄책에 대해서 A와 B의 결론이 일치하지 않는 경우는 어느 것인가?

[학설]

A : 장물죄는 본범의 피해자가 점유를 상실한 재물에 대해서 사법상 추구 · 회복하는 것을 곤란하게 하는 데에 그 본질이 있다.

B : 장물죄는 본범에 의하여 이루어진 위법한 재산상태를 본범 또는 재물의 점유자와의 합의아래 유지 · 존속시키는 데에 그 본질이 있다.

[사례]

㉠ 乙은 丙으로부터 절취한 자기앞수표로 카메라 한 대를 구입한 후 친구인 甲에게 생일선물로 주었는데, 甲은 전후사정을 잘 알면서도 乙로부터 그 카메라를 받았다.

㉡ 乙은 丙으로부터 절취한 다이아 반지를 자기 것을 파는 것처럼 가장하여 丁에게 매각한 후 매각대금을 친구 甲에게 빌려주었다. 이 당시 丁은 乙에 대하여 매매를 취소한 상태였으며, 甲은 훔친 보석을 매각한 금전이라는 것을 알고 있었다.

ⓒ 건설업자 乙은 아파트 건설부지로 필요한 토지를 소유자인 丙이 팔지 않자 땅을 팔지 않으면 가족들에게 좋지 않은 일이 생길 것이라고 협박하였고, 이에 외포된 丙은 乙과 토지에 대한 매매계약을 체결한 후 이전등기를 해주었다. 그 후 乙은 아파트 건설계획을 포기하고 그 토지를 다시 甲에게 매도하였는데, 甲은 취득 당시 그 토지가 丙이 공갈당하여 매도한 것이라는 사정을 잘 알고 있었다.

ⓔ 골동품 수집광인 甲은 乙이 박물관으로부터 진귀한 신라시대의 불상을 훔쳤다는 것을 알고 乙을 찾아가 그 불상을 내놓지 않으면 경찰에 신고하겠다고 위협하여 겁을 먹은 乙로부터 그 불상을 받아가지고 와서 자기 집에 보관하였다.

① ⓐ, ⓑ ② ⓐ, ⓒ
③ ⓐ, ⓔ ④ ⓑ, ⓒ
⑤ ⓑ, ⓔ ⑥ ⓒ
⑦ ⓔ ⑧ ⓒ, ⓔ

해설

ⓐ 대체장물의 장물성 인정여부에 관한 사례이다. 추구권설과 유지설은 모두 이 경우 장물성을 부정한다. 따라서 甲에게는 장물취득죄가 성립하지 않는다.

ⓑ 매각대금은 단순한 대체장물이 아니라 丁에 대한 새로운 사기죄로 인하여 영득한 재물이다. 유지설에 의하면 甲에게 장물취득죄가 성립함에 문제가 없다. 그리고 丁이 매매에 대하여 취소를 하였으므로 매각대금에 대한 반환청구권이 인정된다. 따라서 추구권설에 의하더라도 甲에게는 장물취득죄가 성립한다.

ⓒ 민법상 취소할 수 있는 경우에 장물성을 인정할 수 있는가가 문제된다. 추구권설에 의하면 취소 전까지는 추구권이 존재하지 않으므로 장물성이 부정되지만, 유지설에 의하면 위법한 재산상태가 존재하므로 장물성을 긍정한다. 따라서 유지설에 의할 경우에만 甲에게 장물취득죄가 성립한다.

ⓔ 장물을 갈취한 경우에 공갈죄 이외에 장물취득죄가 성립할 수 있는가가 문제되는 사례이다. 이 경우 추구권설은 장물죄를 인정하여 공갈죄와의 상상적 경합을 인정하지만, 유지설은 본범과의 합의가 없으므로 장물죄는 부정하고 공갈죄만 인정한다.

정답 ⑧

87. 장물죄에 대한 설명으로 옳지 않은 것은?

① 추구권설은 재물에 대한 점유를 상실한 본범의 피해자가 그 점유를 회복할 수 있는 권리를 침해, 위태화하는 데에 장물죄의 본질이 있다고 한다.

② 위법상태유지설은 장물죄의 본질을 위법상태유지, 즉 본범에 의해 발생한 위법상태

를 본범 또는 재물의 점유자와의 합의하에 유지·존속시키는 데에 있다고 한다.

③ 형법전상의 장물죄에서의 장물은 재산범죄에 의해 영득한 재물에 국한되고 뇌물죄나 도박죄 등에 의해 취득한 재물은 포함되지 않는다.

④ 추구권설은 불법원인급여, 선의취득, 추구권의 시효소멸, 계약의 취소·해제의 불가능으로 인해 피해자가 반환청구권을 가질 수 없는 경우 등에 대해서는 장물성을 인정하지 않는다.

⑤ 위법상태유지설에 의하면 불법원인급여에 의해 횡령한 재물 등과 같이 피해자의 추구권이 인정되지 않는 경우에도 장물성을 인정할 수 있다.

⑥ 판례에 의하면, 친구 A가 훔쳐온 자동차를 타고 가서 강도를 하자고 제의하자 甲이 그 자동차를 운전하고 강도범행을 할 장소로 간 경우, 甲은 장물운반죄와 강도예비죄의 죄책을 진다.

⑦ 판례에 의하면 장물죄에서의 취득은 점유를 이전받는 것으로서 족하고 그 장물에 대해 사실상의 처분권을 획득할 것까지 요하지는 않는다.

⑧ 장물죄에는 제346조와 같은 동력규정이 없으므로 제346조를 창설적 규정으로 보는 견해에 의하면 동력은 장물이 될 수 없다.

해설

⑥ (O) 大判 1999. 3. 26. 98도3030: 본범자와 공동하여 장물을 운반한 경우에 본범자는 장물죄에 해당하지 않으나 그 외의 자의 행위는 장물운반죄를 구성하므로, 피고인이 본범이 절취한 차량이라는 정을 알면서도 본범 등으로부터 그들이 위 차량을 이용하여 강도를 하려 함에 있어 차량을 운전해 달라는 부탁을 받고 위 차량을 운전해 준 경우, 피고인은 강도예비와 아울러 장물운반의 고의를 가지고 위와 같은 행위를 하였다고 봄이 상당하다.

⑦ (X) 大判 2003. 5. 13. 2003도1366: 장물취득죄에서 취득이라 함은 점유를 이전받음으로써 그 장물에 대하여 사실상의 처분권을 획득하는 것을 의미하는 것이므로, 단순히 보수를 받고 본범을 위하여 장물을 일시 사용하거나 그와 같이 사용할 목적으로 장물을 건네받은 것만으로는 장물을 취득한 것이라고 볼 수 없다.

⑧ (O) 제346조를 주의적 규정으로 보면 관리할 수 있는 동력은 당연히 재물성이 인정되고 따라서 장물이 될 수 있다. 그러나 제346조를 창설적 규정으로 보면 장물에 관한 죄의 장에 제346조와 같은 규정이 없으므로 관리할 수 있는 동력은 장물이 될 수 없다.

정답 ⑦

88. 장물에 대한 설명으로 옳지 않은 것을 모두 묶은 것은?

가) 장물죄에서의 본범의 행위는 최소한 구성요건에 해당하고 위법해야 하며, 기수에 이르러야 한다.

나) 장물죄의 본범은 재산범죄이어야 하지만 배임죄와 손괴죄는 제외되므로 배임수재로 인하여 취득한 재물은 장물이 아니다.
다) 장물죄에는 제346조와 같은 동력규정이 없으므로 제346조를 특별규정으로 보는 견해에 의하면 동력도 장물이 될 수 있다.
라) 장물죄에 의해 취득한 장물을 다시 취득하는 경우에도 장물취득죄가 성립한다.
마) 판례에 의하면 A가 B에게 매도하고 잔금까지 수령한 부동산을 C가 이중으로 매수하고 이를 잘 알고 있는 甲이 그 부동산을 C로부터 매수한 경우 장물취득죄가 성립하지 아니한다.
바) 공무원이 뇌물로 받은 도자기를 그 사실을 알고서 매입한 경우라도 장물죄는 성립하지 아니한다.
사) 판례에 의하면 10만 원짜리 수표를 절취하여 은행에 예금하였다가 현금으로 찾은 경우 물리적 동일성이 그대로 유지되므로 현금은 장물성을 유지한다.

① 가) 나) ② 가) 다) 사)
③ 나) 다) 사) ④ 다) 바)
⑤ 마) 바) ⑥ 나) 다) 마) 사)
⑦ 나) 마) 바) ⑧ 다) 마) 바)

해설

가) (O) 본범이 기수에 이르기 전에 가담한 때에는 실행행위가 종료되기 전이므로 본범의 공범이 성림하기 때문이다. 그리고 책임무능력자가 절취한 재물이나 본범이 공소시효가 완성된 경우의 재물도 장물이 된다.

나) (X) 장물은 재산범죄에 의하여 영득한 재물을 말하는데, 손괴죄는 불법영득의사가 없기 때문에 그리고 배임죄의 객체는 재물이 아니라 재산상 이익이기 때문에 장물이 될 수 없다. 그러나 배임수재로 인하여 취득한 재물은 장물이 된다.

다) (X) 제346조를 특별규정으로 보면(유체성설의 입장) 관리할 수 있는 동력은 특별규정이 존재하지 않는 한 장물이 될 수 없게 된다.

라) (O) 연쇄장물도 장물이다.

마) (O) 배임죄에 제공된 재물은 장물이 될 수 없다. 甲이 A와 부동산매매계약을 하고 잔금까지 수령한 후 B에게 부동산을 이중매매한 경우 그 부동산은 배임죄에 제공된 물건이지 배임죄에 의해 영득한 재물이 아니므로 장물이 될 수 없고, 따라서 모든 사실을 알고 있는 乙이 B로부터 이를 다시 매입하더라도 장물취득죄가 성립하지 않는다[大判 1983. 11. 8. 82도2119].

바) (O) 장물죄의 본범은 반드시 재산범죄임을 요하는데 수뢰죄는 재산범죄가 아니기 때문에 수뢰한 도자기는 장물이 될 수 없다.

사) (X) 장물인 현금 또는 수표를 금융기관에 예금의 형태로 보관하였다가 이를 반환

받기 위하여 동일한 액수의 현금 또는 수표를 인출한 경우에 예금계약의 성질상 그 인출된 현금 또는 수표는 당초의 현금 또는 수표와 물리적인 동일성은 상실되었지만 액수에 의하여 표시되는 금전적 가치에는 아무런 변동이 없으므로, 장물로서의 성질은 그대로 유지된다[大判 2004. 4. 16. 2004도353].

정답 ③

89. 다음은 장물죄에 관련된 내용이다. 교수는 사례에 대하여 〈보기1〉, 〈보기2〉, 〈보기3〉을 작성하였다. 〈보기 1〉에서 각 지문을 판단하여 옳은 경우에는 +1점, 그른 경우에는 −1점, 〈보기 2〉에서 각 지문을 판단하여 옳은 경우에는 +2점, 그른 경우에는 −2점, 〈보기 3〉에서 각 지문을 판단하여 옳은 경우에는 +3점, 그른 경우에는 −3점을 부여하기로 하였다. 〈보기1〉, 〈보기2〉, 〈보기3〉 각각의 지문에 대하여 옳고 그름을 판단하여 모두 합하면?(다툼이 있는 경우에는 판례에 의함)

〈사례〉
乙은 丙의 차량을 탈취하고 그 안에 있던 丙의 신용카드와 현금과 수표가 있는 지갑을 절취하였다.

〈보기 1〉
가. 乙이 丙으로부터 탈취한 자동차를 다시 甲이 탈취한 경우에 장물죄의 본질에 관하여 추구권설에 따를 때 장물성이 유지되므로 甲에게 장물죄가 성립한다.
나. 乙이 절취한 현금을 가지고 절취물이라는 것을 알고 있는 甲에게 매음의 대가로 지불한 경우에 유지설에 의하면 甲에게 장물죄가 성립한다.
다. 乙이 丙으로부터 탈취한 차량을 장물아비 丁에게 판매하여 그 대금을 甲에게 채무의 대가로 변제한 경우 甲이 그 사실을 알고 있다면 공범설에 의할 때 甲에게 장물죄가 성립한다.
라. 甲이 乙에 대한 채권의 담보로 차량을 교부받았다가 그 차량이 장물임을 알게 되었는데도 계속 보관한 경우 甲에게 장물죄가 성립하지 않는다.

〈보기 2〉
Ⅰ. 乙이 범행을 실행하는 도중에 힘들어 하자, 甲이 공동가공의 의사로 乙을 도와 준 후, 乙이 감사의 표시로 차량을 甲에게 선물로 제공한 경우 甲에게 장물죄가 성립한다.
Ⅱ. 乙의 범행계획을 미리 알게 된 甲이 몇 가지 수정할 방법을 알려 주어 乙의 범행을 도와주었고 이에 대한 사례로서 乙이 절취한 현금을 甲이 지급받은 경우 甲에게 장물죄가 성립한다.

Ⅲ. 乙이 범행을 마치고 자동차를 운반하는 도중에 장물임을 인식하였지만 차가 너무 멋있다면서 태워달라고 하는 甲을 태워준 경우 甲도 장물죄의 죄책을 진다.

〈보기 3〉

학생 A. 乙이 丙으로부터 절취한 현금은 위조 통화였다. 그 현금이 절취한 것임을 알고 있는 甲에게 乙이 이를 넘겨준 경우 절대적 금제품은 재물이 아니지만 상대적 금제품은 재물이 된다는 견해에 따르면 甲에게 장물죄가 성립한다.

학생 B. 乙이 전후의 사정을 알고 있는 甲에게 '보수를 줄 터이니 물건을 대신 구입하여 달라'고 부탁하면서 신용카드를 교부한 경우 甲에게 장물취득죄가 성립한다.

학생 C. 乙이 수표를 은행에 예금하였다가 이를 다시 현금으로 인출하여 그 사정을 알고 있는 甲에게 넘겨준 경우에 甲에게 장물죄가 성립한다.

학생 D. 훔친 카드로 乙은 자신명의의 통장으로 계좌 이체를 한 후에 그 중 일부를 인출하여 이러한 정을 아는 甲에게 교부한 경우에 甲은 장물죄에 해당하지 않는다.

① −3 ② −2
③ −1 ④ 0
⑤ +1 ⑥ +2
⑦ +3 ⑧ +4

해설

가. (O) 추구권설에 따르면 장물성의 유지에는 본범과의 합의가 필요 없으므로 비록 장물을 탈취한 경우라도 장물성은 유지되고 이를 인식하고 탈취한 자에게는 장물죄가 성립한다.

나. (O) 유지설에 따르면 장물성의 유지에는 본범과의 합의가 필요하며 사안의 경우 합의가 있으므로 장물성은 유지된다.

다. (O) 공범설에 따르면 피해자와 견련성이 인정되면 대체장물도 장물성을 인정하므로 이를 알고 있는 자에게 대체장물인 금전으로 변제한 경우 이를 취득한 자에게 장물죄가 성립한다.

라. (O) [大判 1986. 1. 21, 85도2472] 장물인 정을 모르고 장물을 보관하였다가 그 후에 장물인 정을 알게 된 경우 그 정을 알고서도 이를 계속하여 보관하는 행위는 장물죄를 구성하는 것이나 이 경우에도 점유할 권한이 있는 때에는 이를 계속하여 보관하더라도 장물보관죄가 성립하지 않는다.

⇒ 따라서 〈보기1〉은 +4

Ⅰ. (X) 甲은 乙과 공동정범이 되고 본범의 정범은 장물죄의 주체가 될 수 없으므로 甲에게 장물죄가 성립하지 않는다.

Ⅱ. (O) 甲은 종범에 해당한다고 볼 수 있으므로 장물죄의 주체가 된다.

Ⅲ. (X) [大判 1983. 9. 13, 83도1146] 타인이 절취, 운전하는 승용차의 뒷자석에 편승한 것을 가리켜 장물운반행위의 실행을 분담하였다고는 할 수 없다.

⇒ 따라서 〈보기2〉는 -2

A. (X) 절대적 금제품은 재물이 아니지만 상대적 금제품은 재물이 된다는 견해에 따르면 위조 통화는 절대적 금제품에 해당하므로 재물이 아니고 甲에게 재물을 객체로 하는 장물죄는 성립하지 않는다.

B. (X) [大判 2003. 5. 13, 2003도1366] 장물취득죄에서 '취득'이라고 함은 점유를 이전받음으로써 그 장물에 대하여 사실상의 처분권을 획득하는 것을 의미하는 것이므로, 단순히 보수를 받고 본범을 위하여 장물을 일시 사용하거나 그와 같이 사용할 목적으로 장물을 건네받은 것만으로는 장물을 취득한 것으로 볼 수 없다.

C. (O) [大判 2000. 3. 10, 98도2579] 장물이라 함은 재산범죄로 인하여 취득한 물건 그 자체를 말하고, 그 장물의 처분대가는 장물성을 상실하는 것이지만, 금전은 고도의 대체성을 가지고 있어 다른 종류의 통화와 쉽게 교환할 수 있고, 그 금전 자체는 별다른 의미가 없고 금액에 의하여 표시되는 금전적 가치가 거래상 의미를 가지고 유통되고 있는 점에 비추어 볼 때, 장물인 현금을 금융기관에 예금의 형태로 보관하였다가 이를 반환받기 위하여 동일한 액수의 현금을 인출한 경우에 예금계약의 성질상 인출된 현금은 당초의 현금과 물리적인 동일성은 상실되었지만 액수에 의하여 표시되는 금전적 가치에는 아무런 변동이 없으므로 장물로서의 성질은 그대로 유지된다고 봄이 상당하고, 자기앞수표도 그 액면금을 즉시 지급받을 수 있는 등 현금에 대신하는 기능을 가지고 거래상 현금과 동일하게 취급되고 있는 점에서 금전의 경우와 동일하게 보아야 한다.

D. (O) [大判 2008. 6. 12, 2008도2440] 절취한 타인의 신용카드를 이용하여 현금지급기에서 계좌이체를 한 행위는 컴퓨터등사용사기죄에서 컴퓨터 등 정보처리장치에 권한 없이 정보를 입력하여 정보처리를 하게 한 행위에 해당함은 별론으로 하고 이를 절취행위라고 볼 수는 없고, 한편 위 계좌이체 후 현금지급기에서 현금을 인출한 행위는 자신의 신용카드나 현금카드를 이용한 것이어서 이러한 현금인출이 현금지급기 관리자의 의사에 반한다고 볼 수 없어 절취행위에 해당하지 않으므로 절도죄를 구성하지 않는다.

[大判 2004. 4. 16, 2004도353] [1] 컴퓨터등사용사기죄의 범행으로 예금채권을 취득한 다음 자기의 현금카드를 사용하여 현금자동지급기에서 현금을 인출한 경우, 현금카드 사용권한 있는 자의 정당한 사용에 의한 것으로서 현금자동지급기 관리자의 의사에 반하거나 기망행위 및 그에 따른 처분행위도 없었으므로, 별도로 절도죄나 사기죄의 구성요건에 해당하지 않는다 할 것이고, 그 결과 그 인출된 현금은 재산범죄에 의하여 취득한 재물이 아니므로 장물이 될 수 없다고 한 사례. [2] 甲이 권한 없이 인터넷

뱅킹으로 타인의 예금계좌에서 자신의 예금계좌로 돈을 이체한 후 그 중 일부를 인출하여 그 정을 아는 乙에게 교부한 경우, 甲이 컴퓨터등사용사기죄에 의하여 취득한 예금채권은 재물이 아니라 재산상 이익이므로, 그가 자신의 예금계좌에서 돈을 인출하였더라도 장물을 금융기관에 예치하였다가 인출한 것으로 볼 수 없다는 이유로 乙의 장물취득죄의 성립을 부정한 사례.

⇒ 따라서 〈보기3〉은 0

※ 결국 〈보기1〉4 + 〈보기2〉-2 + 〈보기3〉0 = +2

정답 ⑥

90. 다음 [보기]는 방화죄의 기수시기에 대한 각 학설과 비판에 대한 설명이다. 옳은 것만을 모두 고른 것은?

[보기]

㈎ 중요부분연소개시설은 불이 방화의 매개물을 떠나서 목적물에 옮겨 붙어 스스로 연소를 계속할 수 있는 상태에 이르면 방화죄는 기수가 된다고 주장한다.

㈏ 효용상실설에 대해서는 방화죄의 재산죄적 성격을 중시하여 방화죄를 손괴죄와 같이 취급하는 것은 공공위험죄적 성격에 반하고, 같은 공공위험죄인 일수죄의 '침해'와 균형이 맞지 않는다는 비판이 있다.

㈐ 효용상실설은 방화죄의 본질이 공공위험죄일 뿐만 아니라 재산죄의 성격도 가지고 있으므로 그 본래의 효용이 상실된 때 소훼가 있고 방화죄는 기수가 된다고 주장한다.

㈑ 독립연소설에 대해서는 형법의 방화죄가 위험범과 결과범 형식의 두 가지의 성질을 갖는 범죄라는 점을 간과하고 있다는 비판이 있다.

㈒ 중요부분연소개시설에 대해서는 공공의 위험발생은 기수 · 미수를 불문하고 방화죄의 전제조건이며, 공공의 위험발생과 관계없이 목적물이 소훼되는 경우도 있으므로 소훼시기와 공공의 위험발생이 일치하는 것도 아니며, 방화죄의 재산죄적 성질을 경시하고 있다는 비판이 있다.

㈓ 이분설은 소훼가 있는지의 여부는 추상적 위험범인가 또는 구체적 위험범인가라는 위험범의 유형에 따라 달리 평가해야 한다고 주장한다.

㈔ 일부손괴설은 공공의 위험발생과 기수시기를 일치시킬 필요가 없고, 방화죄의 재산죄로서의 성격을 도외시해서는 안되므로 손괴죄의 성립에 필요한 정도로 목적물의 일부손괴가 있으면 방화죄의 기수가 된다고 주장한다.

㈕ 독립연소설에 대해서는 방화죄의 재산죄적 성격을 전혀 고려할 수 없고 형법은 방화 이외에 소훼의 결과발생을 요구하고 있다는 비판이 있다.

① ㈎, ㈐, ㈒, ㈔
② ㈏, ㈐, ㈑, ㈔, ㈕
③ ㈐, ㈒, ㈓, ㈔, ㈕
④ ㈎, ㈏, ㈐, ㈑, ㈒, ㈕
⑤ ㈏, ㈐, ㈑, ㈒, ㈓, ㈔
⑥ ㈎, ㈏, ㈐, ㈒, ㈓, ㈔, ㈕
⑦ ㈎, ㈏, ㈐, ㈑, ㈒, ㈔, ㈕
⑧ ㈎, ㈏, ㈐, ㈑, ㈒, ㈓, ㈔, ㈕

해설

㈎ (X) 독립연소설에 대한 설명이다.
㈏ (X) 일부손괴설에 대한 비판이다.
㈑ (X) 이분설에 대한 비판이다.
㈐ ㈒ ㈓ ㈔ ㈕ (O)

정답 ③

91. 방화와 실화의 죄에 대한 다음 설명 중 옳지 않은 것을 모두 묶은 것은?

가) 현주건조물방화죄에서 행위자는 공공의 위험발생을 인식할 필요가 없다.
나) 방화죄의 경우에도 피해자의 승낙이 있으면 위법성이 조각된다.
다) 방화죄 가운데 현주건조물등방화죄는 추상적 위험범이나 일반물건방화죄는 구체적 위험범이다.
라) 형법은 현주건조물방화죄의 경우에 건조물이 자기소유인지의 여부에 따라 법정형의 차이를 두고 있다.
마) 방화죄의 기수시기에 관한 학설 중 효용상실설은 공공의 위험성을 강조하는 입장이고, 독립연소설은 방화죄의 재산범죄적 성격을 강조한 학설이다.
바) 보험금을 타기 위하여 화재보험에 가입되어 있고 자기 혼자 살고 있는 집을 방화한 경우에는 자기소유 일반건조물방화죄가 성립한다.
사) 담배를 피우기 위해 켠 성냥불이 꺼진 것을 확인하지 않은 채 플라스틱 휴지통에 버려 화재가 난 경우 판례는 중과실에 해당한다고 한다.

① 가) 다) 라)
② 가) 라) 마) 바)
③ 나) 라) 마) 바)
④ 다) 라) 마)
⑤ 다) 라) 사)
⑥ 라) 마) 바)
⑦ 마)
⑧ 마) 바)

해설

※ 틀린 것 : 나) 라) 마) 바)

가) (O) 현주건조물방화죄는 추상적 위험범이기 때문이다.

나) (X) 사회적 법익에 대한 죄이기 때문에 피해자의 승낙에 의하여 위법성이 조각될 수 없다.

다) (O)

라) (X) 일반건조물방화죄의 경우에는 소유의 귀속에 따라 법정형의 차이가 있으나 (제166조 제1항 및 제2항) 현주건조물인 경우에는 자기소유이든 타인소유이든 법정형에는 차이가 없다.

마) (X) 방화죄의 기수시기에 관한 학설 중 독립연소설은 공공의 위험성을 강조하는 입장이고, 효용상실설은 방화죄의 재산범죄적 성격을 강조한 학설이다.

바) (X) 제176조【타인의 권리대상이 된 자기의 물건】 자기의 소유에 속하는 물건이라도 압류 기타 강제처분을 받거나 타인의 권리 또는 보험의 목적물이 된 때에는 본장의 규정의 적용에 있어서 타인의 물건으로 간주한다.

사) (O) 大判 1993.7.27. 93도135 : 성냥불이 꺼진 것을 확인하지 아니한 채 플라스틱 휴지통에 던진 것이 중대한 과실에 해당한다고 본 사례.

정답 ③

92. 방화죄에 관한 설명 중 옳은 것은?(다툼이 있으면 판례에 의함)

① 타인의 선박에 침입하여 준비한 휘발유를 갑판에 뿌리고 라이터로 점화하려 하였다면 방화죄의 실행에 착수한 것으로 볼 수 있다.

② 범인이 혼자 거주하는 가옥을 소훼한 경우에는 현주건조물방화죄가 성립한다.

③ 범인이 타인소유의 현주건조물을 연소시킬 목적으로 그것과 근접해 있는 타인소유의 창고에 불을 놓았지만 통행인의 소화활동에 의하여 창고만을 불태운 경우에는 일반건조물방화죄가 성립한다.

④ 범인이 친구와 공모하여 친구의 처가 여행 중인 것을 기화로 친구 소유의 주거를 소훼한 경우에는 일반건조물방화죄가 성립한다.

⑤ 범인이 타인소유의 비현주건조물에 방화하여 근접한 타인소유의 비현주건조물을 연소시킨 경우에 연소죄가 성립하지 아니한다.

해설

① (X) 아직 방화목적물 내지 그 도화물에 점화하지 아니한 이상 방화죄의 착수로 볼 수 없다(大判 4293형상213).

② (X) 현주건조물방화죄의 객체는 사람이 주거로 사용하거나 사람이 현존하는 건조물, 기차, 자동차, 선박, 항공기 또는 광갱 등이다. 여기서 '사람'이란, 자기 이외의 사람을 의미하기 때문에 혼자 주거하는 주택에 불을 놓은 경우에는 일반건조물방화죄가 성립한다.

③ (X) 현주건조물방화죄의 미수와 일반건조물방화죄가 경합하는 것처럼 보이나, 이 경우 일반건조물방화죄의 기수는 현주건조물방화죄의 미수에 흡수되어 별도로 처벌되지 않는다.

④ (X) 현주건조물방화죄의 객체가 되는 건조물은 범인 이외의 자가 기와침식을 하는 장소를 말한다. 소훼당시에 범인 이외 자가 현재 하는가 하는 것의 유무는 묻지 않는다. 단 현재성은 주거자 전원의 동의가 있으면 없어지나 위의 지문에서는 처의 동의가 없기 때문에 현주건조물방화죄가 성립한다.

⑤ (O) 연소죄(延燒罪)는 자기소유일반건조물 또는 물건에 대한 방화가 확대되어 현주·공용 또는 타인소유일반건조물·물건에 연소한 경우에 성립하는 범죄이다. 즉 연소죄의 기본범죄는 자기소유물에 대한 방화여야 하므로 지문의 경우는 연소죄가 성립하지 않는다.

정답 ⑤

93. 연소죄에 대한 설명으로 가장 옳지 못한 것은?

① 연소죄는 방화죄의 결과적 가중범에 해당한다.
② 연소란 행위시에 예견할 수 없었던 물체에 불이 이전되어 소훼하게 하는 것을 말한다.
③ 연소죄는 자기소유의 건조물이나 물건에 대한 방화죄에서만 성립한다.
④ 연소죄는 진정결과적 가중범으로 결과에 대해 과실이 있는 경우에만 성립한다.
⑤ 연소죄에서 기본범죄인 방화죄에 미수는 포함되지 않는다고 보아야 한다.

해설

①③④ (O) 연소죄란 제166조 제2항(자기소유일반건조물 등 방화) 또는 제167조 제2항(자기소유일반물건방화)의 죄를 범하여 제164조·제165조 또는 제166조 제1항에 기재한 물건에 연소하거나(건조물 등 연소죄) 제167조 제2항의 죄를 범하여 제167조 제1항에 기재한 물건에 연소하게 함으로써 성립하는 범죄이다(일반물건연소죄). 자기소유물에 대한 방화죄의 결과적 가중범이다. 따라서 ①③④는 타당하다. 만일 결과에 대해 고의가 있는 때에는 그 결과에 대한 방화죄가 성립한다.

② (X) 연소죄도 결과적 가중범이므로 결과적 가중범의 기본구조를 모두 충족해야 한다. 따라서 중한 결과(현주건조물 등에로 소훼)는 예견가능해야 한다. 이를 예견할 수 없을 때에는 연소죄는 성립할 수 없다.

⑤ (O) 연소죄에서 기본범죄인 자기소유의 건조물이나 물건에 대한 방화죄는 미수범 처벌규정이 없으므로, 기본범죄는 기수에 이르러야 한다(다수설).

정답 ②

94. 甲은 자기 사진이 부착되고 자신의 지문은 찍혔지만 A의 인적 사항을 기재한 주민등록증을 발급받아 소지하다가 불심검문시에 경찰관에게 그 주민등록증을 제시하였다. 甲의 죄책을 검토한 다음 설명 중 잘못된 설명을 모두 묶은 것은?

㈎ 甲이 주민등록증을 발행할 권한 있는 공무원을 기망하여 자기 사진과 지문이 찍힌 타인의 주민등록증을 발급받은 것은 공문서위조죄의 간접정범에 해당한다.

㈏ 공무원 아닌 甲이 작성권자인 공무원을 기망하여 허위내용의 주민등록증을 발급받은 것은 허위공문서작성의 간접정범에 해당한다.

㈐ 주민등록증은 공정증서원본에 해당하지 않으므로 공정증서원본불실기재죄는 성립하지 않는다.

㈑ 甲에게 문서죄는 성립하지 않더라도 甲은 공무원을 기망하여 공문서를 교부받아 이를 취득했으므로 사기죄가 성립한다.

㈒ 판례는 甲이 공무원에 대하여 위계를 사용하여 허위의 주민등록증을 발급받은 것은 위계공무집행방해죄에 해당한다고 판시했다.

㈓ 甲이 이렇게 발급받은 주민등록증을 검문 경찰관에게 제시하는 것은 공문서부정행사죄에 해당한다는 것이 판례이다.

㈔ 행사죄와 부정행사죄는 그 객체가 부진정문서인지 아니면 진정문서인지에 따라 구별된다는 견해가 있다. 이 논리에 철저하면 甲이 소지한 주민등록증은 진정하게 성립한 공문서로 볼 수 없으므로 이를 제시하는 것은 공문서부정행사죄에 해당한다고 볼 수 없다.

㈕ ㈔의 견해에 따르면 甲이 소지한 주민등록증은 위조나 허위작성된 공문서로 볼 수도 없고, 불실기재된 공정증서원본도 아니므로 甲이 이를 행사하는 것은 위조 등 문서행사죄에도 해당할 수 없다.

㈖ 위의 사례와 달리 甲이 타인의 주민등록증에 붙어있는 사진을 떼어내고 그 자리에 자기의 사진을 붙여 소지하다가 제시한 경우라면 공문서위조 및 동행사죄에 해당할 것이다.

㈗ 위의 사례와 달리 甲이 길거리에서 주운 타인의 주민등록증을 이용하여 그 타인의 이름으로 이동전화 가입신청을 한 경우에는 사용권한 없는 자가 부정한 목적으로 그 사용용도에 따라 사용한 것이므로 공문서부정행사죄에 해당한다.

① ㈎, ㈏, ㈒, ㈔
② ㈏, ㈒, ㈓, ㈕, ㈘
③ ㈎, ㈏, ㈑, ㈒, ㈕
④ ㈎, ㈑, ㈒, ㈔, ㈘
⑤ ㈎, ㈏, ㈐, ㈑, ㈒, ㈕
⑥ ㈎, ㈏, ㈑, ㈒, ㈖
⑦ ㈎, ㈏, ㈑, ㈒, ㈕, ㈘
⑧ ㈎, ㈏, ㈑, ㈒, ㈕, ㈖

㈎ (X) 작성명의인인 공무원이 주민등록증에 기재된 의사표시의 내용을 알면서도 甲의 기망으로 그것이 허위라는 점을 모른 것이므로 공문서위조죄의 간접정범은 성립하지 않는다.

㈏ (X) 공무원의 신분 없는 사인인 甲은 진정신분범인 허위공문서작성의 간접정범이 될 수 없다(통설 · 판례).

㈐ (O) 주민등록증은 권리 · 의무에 관한 사실을 증명하는 문서가 아니므로 공정증서원본에 해당하지 않는다.

㈑ (X) 사기죄는 개인의 재산권을 보호하기 위한 죄이므로 기망을 통하여 공무원으로부터 공문서를 교부받았더라도 사기죄는 성립하지 않는다.

㈒ (X) 사안의 경우 판례는 甲에게 위계공무집행방해죄의 성부를 검토하지 않았다. 다툼은 있겠지만 甲에게 공무집행을 방해한다는 고의를 인정할 수 없으므로 본죄의 성립은 부정하는 것이 타당하다.

㈓ (O) 공문서 부정행사죄는 그 사용권한자와 용도가 특정되어 작성된 공문서 또는 공도화를 사용권한 없는 자가 그 사용권한 있는 것처럼 가장하여 부정한 목적으로 행사한 때 또는 형식상 그 사용권한이 있는 자라도 그 정당한 용법에 반하여 부정하게 행사한 때에 성립한다고 해석할 것인 바, 피고인이 공소외 (갑)인양 허위신고하여 피고인의 사진과 지문이 찍힌 공소외 (갑)명의의 주민등록증을 발급받은 이상 주민등록증의 발행목적상 피고인에게 위 주민등록증에 부착된 사진의 인물이 공소외 (갑)의 신원 상황을 가진 사람이라는 허위사실을 증명하는 용도로 이를 사용할 수 있는 권한이 없다는 사실을 인식하고 있었다고도 할 것이므로 이를 검문경찰관에게 제시하여 이러한 허위사실을 증명하는 용도로 사용한 것은 공문서부정행사죄를 구성한다[大判 1982. 9. 28, 82도1297].

㈔ (O) 김일수; 박상기 등.

㈕ (X) 甲의 죄책에 대해서는 ① 甲이 이러한 주민등록증을 발급받은 행위가 현행법상의 어떤 문서죄에도 해당하지 않으므로 행사죄의 객체가 될 수 없다는 것을 논거로 <u>공문서부정행사죄에 해당한다는 견해</u>(배종대, 671면; 오영근, 757면; 이재상, 599면; 임웅, 674면; 정성근 · 박광민, 610면)와 ② <u>공문서부정행사죄가 성립하지 않는다는 견해(다수설)</u>가 대립한다. 공문서부정행사죄를 부정하는 입장에서는 다시 ㉠ <u>'허위작성'공</u>

문서행사죄가 성립한다는 견해(박상기, 546면 및 548면; 백형구, 529면; 손동권, 652면; 진계호, 617면), ㉡ '위조'공문서행사죄가 성립한다는 견해(이정원, 643면) 및 ㉢ 불실기재등록증행사죄가 성립한다는 견해(김일수 · 서보학, 775면)가 대립한다.

㈎ (O) 주민등록증이나 운전면허증의 인물사진을 바꾸어 붙인 경우 '기존 공문서의 본질적 또는 중요부분에 변경을 가하여 새로운 증명력을 가지는 별개의 공문서를 작성한 경우'이므로 공문서위조죄가 성립한다[大判 1991. 9. 10, 91도1610].

㈏ (X) 피고인이 기왕에 습득한 타인의 주민등록증을 이용하여 그 타인의 이름으로 이동전화 가입신청을 하거나, 타인의 주민등록증을 이용하여 피고인이 가명으로 이동전화 가입신청을 한 경우라도 타인의 주민등록증을 그 본래의 사용용도인 신분확인용으로 사용한 것이라고 볼 수 없어 공문서부정행사죄가 성립하지 않는다[大判 2003. 3. 26, 2002도4935].

정답 ⑦

95. 공무원 甲은 모건설회사 사장 乙로부터 업무와 관련하여 청탁을 하기 위해 식사를 같이 하자는 요청을 받고 이에 응하여 친구인 丙과 함께 乙로부터 200만원 상당의 식사와 술을 대접받았다. 이 때 乙은 자신의 회사 상무인 丁과 같이 동석하였다. 乙은 이 자리에서 甲에게 100만원짜리 자기앞수표 10장을 뇌물로 제공하였으며, 甲은 그 금액이 지나치게 많은 것을 알고 어느 정도의 대가를 지불하려고 생각하던 중, 乙에게 200만원 상당의 도자기를 선물하였다. 한편 甲은 혼자서는 乙의 청탁을 들어주기가 곤란하다고 스스로 판단하고, 그 업무를 처리하는 공무원 戊에게 300만원을 전달하였으며, 후에 이러한 사실이 알려져 문제가 되자 자신의 은행계좌에서 현금 500만원을 인출하여 乙에게 돌려주었다. 이 경우 甲으로부터 몰수 또는 추징할 금액의 합계는? (다툼이 있는 경우에는 판례에 의함)

① 700만원 ② 800만원 ③ 900만원
④ 1,050만원 ⑤ 1,100만원

✽ 아래의 大判 2001. 10. 12, 99도5294를 고려하면 식사와 술대접을 받은 부분에서 증뢰자 측이 소요한 비용을 제외한 100만원(친구인 丙에게 소요된 비용까지 포함됨)이 수뢰액에 해당하고 추징대상이다. 그리고 甲이 자기앞수표로 1,000만원을 받으면서 대가로 지급한 도자기는 뇌물의 가액에서 공제할 대상이 아니며[大判 1999. 10. 8, 99도1638], 스스로의 판단에 따라 戊한테 전달한 300만원 역시 수뢰한 돈을 소비하는 방법에 지나지 아니하므로 甲한테서 추징하여야 하며[大判 1986. 11. 25, 86도1951], 자신의 은행계좌에서 인출하여 돌려준 500만원은 뇌물 그 자체의 반환으로 볼 수 없으므로 역시 甲한테서 추징하여야 한다[大判 1996. 10. 25, 96도2022]. 따라서 자기앞수표 1,000만

원을 수뢰한 부분에 대하여는 모두 甲한테서 몰수하거나 또는 추징하여야 한다. 결국 甲한테서 몰수 또는 추징할 금액의 합계는 1,100만원이다.

[大判 2001. 10. 12, 99도5294] 피고인이 증뢰자와 함께 향응을 하고 증뢰자가 이에 소요되는 금원을 지출한 경우 이에 관한 피고인의 수뢰액을 인정함에 있어서는 먼저 피고인의 접대에 요한 비용과 증뢰자가 소비한 비용을 가려내어 전자의 수액을 가지고 피고인의 수뢰액으로 하여야 하고 만일 각자에 요한 비용액이 불명일 때에는 이를 평등하게 분할한 액을 가지고 피고인의 수뢰액으로 인정하여야 할 것이고, 피고인이 향응을 제공받는 자리에 피고인 스스로 제3자를 초대하여 함께 접대를 받은 경우에는, 그 제3자가 피고인과는 별도의 지위에서 접대를 받는 공무원이라는 등의 특별한 사정이 없는 한 그 제3자의 접대에 요한 비용도 피고인의 접대에 요한 비용에 포함시켜 피고인의 수뢰액으로 보아야 한다.

[大判 1999. 10. 8, 99도1638] 공무원이 뇌물을 받음에 있어서 그 취득을 위하여 상대방에게 뇌물의 가액에 상당하는 금원의 일부를 비용의 명목으로 출연하거나 그 밖에 경제적 이익을 제공하였다 하더라도, 이는 뇌물을 받는 데 지출한 부수적 비용에 불과하다고 보아야 할 것이지, 이로 인하여 공무원이 받은 뇌물이 그 뇌물의 가액에서 위와 같은 지출액을 공제한 나머지 가액에 상당한 이익에 한정되는 것이라고 볼 수는 없으므로, 그 공무원으로부터 뇌물죄로 얻은 이익을 몰수 · 추징함에 있어서는 그 받은 뇌물 자체를 몰수하여야 하고, 그 뇌물의 가액에서 위와 같은 지출을 공제한 나머지 가액에 상당한 이익만을 몰수 · 추징할 것은 아니다.

[大判 1986. 11. 25, 86도1951] 피고인들이 뇌물로 받은 돈을 그 후 다른 사람에게 다시 뇌물로 공여하였다 하더라도 그 수뢰의 주체는 어디까지나 피고인들이고 그 수뢰한 돈을 다른 사람에게 공여한 것은 수뢰한 돈을 소비하는 방법에 지나지 아니하므로 피고인들로부터 그 수뢰액 전부를 각 추징하여야 한다.

[大判 1996. 10. 25, 96도2022] 뇌물로 받은 돈을 은행에 예금한 경우 그 예금행위는 뇌물의 처분행위에 해당하므로 그 후 수뢰자가 같은 액수의 돈을 증뢰자에게 반환하였다 하더라도 이를 뇌물 그 자체의 반환으로 볼 수 없으니 이러한 경우에는 수뢰자로부터 그 가액을 추징하여야 한다.

정답 ⑤

96. 숙박업소의 인허가를 담당하는 공무원 甲은 A에게 2,000만원의 채무를 지고 있던 중, 새로 숙박업을 하려는 乙이 甲에게 접근하여 1,000만원을 은밀히 제공하려고 하자 차라리 A에게 직접 건네주라고 말하였다. 乙은 甲의 말대로 A의 은행구좌로 1,000만원을 송금하였다. 그 후 담당공무원이 변경되어 甲의 업무를 공무원 B가 담당하게 되었다. 乙과 경쟁관계에 있는 丙은 乙이 공무원 B에게 2,000만원을 주었다는 소문을 사실로 알고 乙의 숙박업을 못하게 할 목적으로 민영텔레비전 방송사 기자인 丁에게 이러한 내용을 제보하였으며, 丁은 특종이라고 판단하여 별다른 확인 없이 방송하였다. 이에 관한 다음 〈보기〉의 기술 중 옳은

것으로 짝지어진 것은? (다툼이 있는 경우에는 판례에 의함)

〈보기〉

ㄱ. 甲은 제3자인 乙에게 뇌물을 제공하게 하였으므로 제3자뇌물제공죄를 범한 것이나, 부정한 청탁의 존부가 문제될 수 있다.

ㄴ. 甲은 부정한 청탁이 없다고 하여도 대가관계만 인정된다면 수뢰죄로 처벌될 수 있다.

ㄷ. 丙은 허위의 사실을 적시하여 B의 명예를 훼손하였으므로 허위사실적시명예훼손죄에 해당한다.

ㄹ. 丁은 사실확인 없이 허위의 사실을 보도하였으므로 진실이라고 믿은 데에 상당한 이유가 있음을 입증하지 못하는 한 명예훼손죄의 위법성이 조각되지 않는다.

① ㄱ, ㄴ ② ㄱ, ㄷ ③ ㄴ, ㄷ
④ ㄴ, ㄹ ⑤ ㄷ, ㄹ

해설

ㄱ. (X) [大判 1998. 9. 22, 98도1234] 형법 제130조의 제3자뇌물제공죄를 형법 제129조 제1항의 단순수뢰죄와 비교하여 보면 공무원이 직접 뇌물을 받지 아니하고, 증뢰자로 하여금 제3자에게 뇌물을 공여하도록 하고 그 제3자로 하여금 뇌물을 받도록 한 경우에는 부정한 청탁을 받고 그와 같은 행위를 한 경우에 한하여 단순수뢰죄와 같은 형으로 처벌하고, 공무원이 직접 뇌물을 받지 아니하고, 증뢰자로 하여금 제3자에게 뇌물을 공여하도록 하고 그 제3자로 하여금 뇌물을 받도록 하였다 하더라도 부정한 청탁을 받은 일이 없다면 이를 처벌하지 아니한다는 취지로 해석하여야 할 것이나, 다만 공무원이 직접 뇌물을 받지 아니하고, 증뢰자로 하여금 다른 사람에게 뇌물을 공여하도록 하고 그 다른 사람으로 하여금 뇌물을 받도록 한 경우라 할지라도 그 다른 사람이 공무원의 사자 또는 대리인으로서 뇌물을 받은 경우나 그 밖에 예컨대 평소 공무원이 그 다른 사람의 생활비 등을 부담하고 있었다거나 혹은 그 다른 사람에 대하여 채무를 부담하고 있었다는 등의 사정이 있어서 그 다른 사람이 뇌물을 받음으로써 공무원은 그만큼 지출을 면하게 되는 경우 등 사회통념상 그 다른 사람이 뇌물을 받은 것을 공무원이 직접 받은 것과 같이 평가할 수 있는 관계가 있는 경우에는 형법 제129조 제1항의 단순수뢰죄가 성립한다.

ㄴ. (O) 위 사안에서 甲은 단순수뢰죄(제129조 제1항)를 범한 것이며, 단순수뢰죄는 부정한 청탁을 요건으로 하지 않는다.

ㄷ. (X) 丙은 허위사실을 진실한 사실로 인식하고 경쟁관계에 있는 乙의 숙박업을 못하게 할 목적인 비방의 목적을 가지고 방송사 기자인 丁에게 이러한 내용을 제보하여 보도하게 하였으므로, 제308조 제1항의 사실적시 출판물에 의한 명예훼손죄의 간접정범의 인식으로 제308조 제2항의 허위사실적시 출판물에 의한 명예훼손죄의 간

접정범을 범한 경우에 해당한다. 따라서 丙의 행위는 특별히 중한 죄가 되는 사실을 인식하지 못한 행위이므로 형법 제15조 제1항에 의하여 제308조 제1항의 사실적시 출판물에 의한 명예훼손죄가 성립한다.

ㄹ. (O) 사안에서 공무원의 수뢰사건은 이를 방송에 보도할 만한 공익성이 인정된다. "비방의 목적은 공공의 이익과 상반되는 관계에 있으므로 적시된 사실이 공공의 이익에 관한 것인 때에는 특별한 사정이 없는 한 비방의 목적은 부정된다[大判 2000. 2. 25, 98도2188]" 따라서 丁에게는 비방의 목적이 없으므로 출판물에 의한 명예훼손죄는 성립하지 아니한다. "이와 같은 경우에는 형법 제307조 소정의 명예훼손죄의 성립여부가 문제될 수 있고, 이에 대하여는 다시 형법 제310조에 의한 위법성조각여부가 문제될 수 있다[大判 1998. 10. 9, 97도158]" 그리고 형법 제310조의 적용되기 위해서는 "적시된 사실이 객관적으로 볼 때 공공의 이익에 관한 것으로서 행위자도 공공의 이익을 위하여 그 사실을 적시한 것이어야 될 뿐만 아니라, 그 적시된 사실이 진실한 것이거나 적어도 행위자가 그 사실을 진실한 것으로 믿었고, 또 그렇게 믿을 만한 상당한 이유가 있어야 한다[大判 2000. 2. 25, 98도2188]" 또한 "형법 제310조의 규정에 따라서 위법성이 조각되어 처벌대상이 되지 않기 위해서는 그것이 진실한 사실로서 오로지 공공의 이익에 관한 때에 해당된다는 점을 행위자가 증명하여야 한다[大判 1996. 10. 25, 95도1473]" 사안에서 丁은 보도사실이 허위라는 인식이 없이(진실이라고 믿고) 허위사실을 보도한 경우이므로 丁의 행위는 제15조 제1항에 의하여 제307조 제1항의 구성요건에 해당하고 다시 형법 제310조에 의한 위법성조각여부가 문제될 수 있으나 위의 판례에서 본 바와 같이 丁은 사실 확인 없이 허위의 사실을 보도하였으므로 진실이라고 믿은 데에 상당한 이유가 있음을 입증하지 못하는 한 명예훼손죄의 위법성이 조각되지 않는다.

정답 ④

97. 아래 〈보기 1〉은 사실관계에 대한 서술이고, 〈보기 2〉는 위 사안에 대한 설명이다. 이 중 옳은 것으로만 묶은 것은?(다툼이 있는 경우에는 판례에 의함)

〈보기 1〉

어릴 때부터 친구사이인 甲과 乙은, 어느 날 밤에 술에 만취해서 도로변에 쓰러져 있는 丙녀를 발견하고 욕정이 발동하여 甲의 제의에 따라 丙을 으슥한 골목으로 옮기고는 둘이서 협력하여 차례차례 丙을 간음하였다. 이때에 순찰을 하던 경찰관 A와 B는 甲과 乙의 범행을 발견하고는 이들을 적법절차에 따라서 현행범으로 체포하여 지구대로 연행하려고 하였으나, 甲과 乙은 연행을 모면하려고 경찰관들에게 대항하며 주먹으로 때리는 등 폭행을 가하면서 실랑이를 벌였다. 이윽고 이들을 간신히 제압하여 수갑을 채운 뒤 지구대순찰차에 태운 A와 B는 마침 지원 나온 지구대장 丁에게 甲과 乙을 인계한 뒤, 또 다른 사건현장으로 급히 출동하였다. 그런데 지구대장 丁이 범인들의 인상착의를 살펴보려고 甲의 얼굴을 본 순간 자신의 사촌동생임을 알아채고는 甲과 乙의 수갑을 풀어 방면하고 이후 아무런 법적 조치도 취하지 아니하였다.

〈보기 2〉

ㄱ. 甲과 乙이 만취되어 쓰러져 있는 丙을 甲의 제의로 으슥한 장소로 옮기고 상호 협력하여 순차적으로 간음을 하였으므로 행위의 공동과 현장성이라는 합동의 요건을 갖추었다고 할 수 있고, 따라서 甲과 乙은 합동특수강간의 죄책을 진다.

ㄴ. 甲과 乙은 공무수행 중인 경찰관들의 신체에 폭행을 가하였으므로 이들의 행위는 공무집행방해죄를 구성한다. 판례는 이 경우에 죄수의 성립기준을 공무의 수로 파악하므로 甲과 乙은 1개의 공무집행방해죄의 죄책을 진다.

ㄷ. 甲과 乙은 범죄혐의로 경찰관에게 체포된 현행범이므로, 법률에 의하여 체포된 자로서 비록 체포현장에서 지구대장인 丁이 풀어주기는 했지만, 자의에 의하여 공동하여 체포상태를 이탈한 것이라고 볼 수 있으므로 甲과 乙은 합동특수도주죄의 죄책을 진다.

ㄹ. 甲과 乙은 현행범으로 체포되어 연행중인 자로서 이들을 풀어준 지구대장 丁의 행위는 도주죄의 필요적 공범에 해당하는 도주원조죄를 구성하지는 않는다.

ㅁ. 판례는 범인은닉죄에 있어 '죄를 범한 자'에 대한 해석을 진범의 경우만을 의미하는 것으로 파악하기 때문에, 만일 甲과 乙이 丙을 간음한 것에 대한 단순한 혐의만 있을 경우에는, 판례에 의할 때에 지구대장 丁의 행위는 범인도피죄를 구성하지 않는다.

ㅂ. 지구대장 丁이 甲과 乙의 도주행위에 대하여 아무런 법적조치도 취하지 않은 행위가 범인도피죄와 직무유기죄에 동시에 해당할 경우에, 판례는 이에 대하여 행위의 단일성이 인정되므로 양 죄가 상상적 경합관계에 있다고 판시하고 있다.

① ㄱ, ㄷ　② ㄱ, ㄷ, ㅁ, ㅂ
③ ㄷ, ㅁ, ㅂ　④ ㅂ
⑤ ㄹ, ㅁ　⑥ ㄱ, ㅁ
⑦ ㄱ, ㄴ, ㄷ　⑧ ㄷ, ㄹ

해설

ㄱ. (X) 甲과 乙이 甲의 제의에 따라 丙을 순차적으로 간음한 행위에 대해서는 형법 제299조(준강간)과 '성폭력범죄의처벌및피해자보호등에관한법률' 제6조 제3항에 의한 특수준강간죄의 성립여부가 문제된다. 형법 제297조의 강간죄는 행위자 스스로 폭행 또는 협박의 방법으로 간음하는 행위를 처벌하는 범죄이고, 형법 제299조의 준

강간죄는 행위자와는 상관없이 이미 조성되어 있는 사람의 심신상실 또는 항거불능의 상태를 이용하여 간음할 경우에 성립하는 범죄인 바, 본 사안은 丙녀가 거동을 할 수 없을 정도의 만취상태(명정상태)에 빠진 것은 甲과 乙의 폭행이나 협박에 기인한 것이 아니므로, 여기에서 강간죄의 성립여부는 고려될 필요가 없을 것이다. 이 사안에서는 행위의 공동과 현장성이라는 합동의 요건을 갖추었다고 할 것이다. 따라서 甲과 乙은 합동에 의한 특수준강간죄의 죄책을 진다.

ㄴ. (X) 甲과 乙은 공무수행 중인 경찰관들의 신체에 직무집행을 방해할 정도의 폭행을 가하였으므로 이들의 행동은 공무집행방해죄에 해당하고 공무집행방해죄의 죄책을 진다. 판례는 공무집행방해죄의 죄수를 피해공무원의 수를 기준으로 판단한다[大判 1961. 9. 28, 4291형상415]. 따라서 이 사안에서는 2개의 공무집행방해죄가 상상적 경합관계에 있다고 할 것이다.

ㄷ. (O) 특수도주죄는 형법 제145조 제1항의 단순도주죄에 대하여 불법이 가중되는 가중적 구성요건으로 본 사안에서는 합동특수도주죄가 문제된다. 본죄의 행위로서 '2인 이상이 합동하여'란, 기술한 합동범에 있어서의 합동과 같이 시간적, 장소적 협동을 말한다. 2인 이상의 자는 모두 법률에 의하여 체포, 구금된 자이어야 한다. 그리고 본죄의 도주란 피체포·감금된 자가 체포, 구금상태에서 이탈하는 것을 말한다. 일시적인 이탈로도 족하며, 작위뿐만 아니라 부작위에 의한 도주도 가능하다. 본죄는 간수자의 실력적 지배에서 벗어났을 때에 즉시 기수에 도달하는 즉시범이다[大判 1979. 8. 31, 79도622]. 따라서 교도소의 외벽을 넘지 못했거나, 외벽을 넘은 때에도 추적을 받고 있으면 미수에 불과하다. 본 사안에서 甲과 乙은 비록 丁이 풀어주기는 했지만 자의에 의하여 체포현장에서 공동하여 체포상태를 이탈한 것이라고 볼 수 있으므로 합동도주의 요건을 충족시키고 있다. 따라서 甲과 乙은 합동특수도주죄의 죄책을 지게 된다.

ㄹ. (O) 단순도주원조죄의 객체는 법률에 의하여 구금된 자이다. 구금된 자에 한정하므로 체포되어 연행 중인 자는 본 죄의 객체가 될 수 없다. 본 사안에서 甲과 乙은 특수준강간죄의 현행범으로서 체포되어 연행 중인 자로서 영장에 의하여 구속되었거나, 영장 없이 긴급체포된 자가 아니므로 본 죄에서 말하는 구금된 자라고 할 수 없으므로 본죄의 객체가 될 수 없다. 따라서 지구대장 丁의 행위는 도주원조죄를 구성하지 아니한다.

ㅁ. (X) 범인은닉죄에 있어서 '죄를 범한 자'가 진범만을 의미하는지 여부가 문제된다. 적극설은 진범이 아닌 자에 대한 도피가 국가의 정당한 형벌권행사를 방해하였다고 할 수 없고, 형법은 '죄를 범한 자' 라고 규정하고 있으므로, 본죄의 객체는 진범만을 의미한다고 한다. 이에 반하여 소극설(통설, 판례:大判 1982. 1. 26, 81도1931)은 현실적으로 대부분의 수사/소추 중인 자의 도피행위가 문제되고, 진범여부는 확정판결이 있기 전까지는 알 수 없는데, 적극설에 의하면 그 전에는 범인도피죄를 적용할 수 없는 문제가 있으므로 진범 이외에 범죄혐의로 수사/소추중인 자도 포함한다고 주장한다. 따라서 판례에 의할 때에 지구대장인 丁의 행위는 범인도피죄의 구성요건에 해당한다고 할 것이다.

ㅂ. (X) 丁은 범인도피죄와 직무유기죄의 죄책을 지고, 이에 대해서는 행위의 단일성이 인정되므로 양 죄는 상상적 경합관계에 있게 될 것이나, 판례는 경찰관이 범인을 검거하지 않고 오히려 범인을 도피시킨 사안에서 직무유기죄의 직무위배의 위법상태는 범인도피행위 속 에 포함되는 것으로 보아야 한다는 이유로 범인도피죄 이외에 별도의 직무유기죄는 성립하지 않는다고 판시하고 있다[大判 1996. 5. 10, 96도51]. 따라서 본 사안에서 판례에 따르면 지구대장 丁의 직무유기죄는 범인도피죄에 흡수되어, 丁은 범인도피죄의 죄책만을 지게 된다(법조경합).

정답 ⑧

98. 아래 [B군]은 [A군]의 각 사례에 대한 이론과 판례의 태도를 설명한 것이다. 이 중 옳지 않은 것을 모두 모은 것은?

[A군]

Ⅰ. 강간 혐의로 수사를 받고 있던 甲은 乙을 교사하여 자신을 위하여 허위자백을 하게 함으로써 자신을 도피케 하였다.

Ⅱ. 甲은 절도 혐의로 수사를 받고 불기소처분을 받은 乙을 외국으로 도피케 하였다.

Ⅲ. 甲은 진범인이 아니면서 억울하게 누명을 쓰고 수사기관에서 피의자로 수사를 받고 있던 乙을 도피케 하였다.

Ⅳ. 甲은 살인을 한 친구 乙을 자신의 별장에 숨겨주었다.

Ⅴ. 甲은 乙을 교사하여 자신의 형사피고사건에서 위증을 하게 하였다.

Ⅵ. 甲은 증언거부권자로서 거부권을 행사하지 않고 선서한 후 법정에서 위증을 하였다.

Ⅶ. 증인 甲은 기억이 확실치 않음에도 불구하고 피고인 乙을 범행현장에서 보았다고 진술하였다.

Ⅷ. 증인 甲은 피고인 乙이 범행당일 자신의 집을 방문한 일이 없는 것으로 기억하고 그렇게 진술했으나 실제로 乙은 甲의 집을 방문하였음이 밝혀졌다.

[B군]

(ㄱ) Ⅰ의 경우, 판례에 의하면 乙은 범인도피죄, 甲은 범인도피죄의 교사범이 된다.

(ㄴ) Ⅱ의 경우, 검사의 불기소처분으로 형사절차는 사실상 종결되므로 甲은 범인도피죄의 죄책을 지지 않는다는 것이 다수설의 입장이다.

(ㄷ) Ⅲ의 경우, 판례에 의하면 甲은 범인도피죄의 죄책을 지지 않는다.

(ㄹ) Ⅳ의 경우, 아직 수사개시 전 단계이므로 학설에 의하면 甲은 범인은닉죄의 죄책을 지지 않는다.

(ㅁ) Ⅴ의 경우, 판례와 다수설에 의하면 甲은 위증죄의 교사범이 성립한다.
(ㅂ) Ⅵ의 경우, 판례에 의하면 甲은 위증죄가 성립한다.
(ㅅ) Ⅶ의 경우, 통설에 의하면 甲은 위증죄가 성립한다.
(ㅇ) Ⅷ의 경우, 객관설과 주관설 어느 것에 의하더라도 甲은 위증죄의 죄책을 진다.

① ㉡ ㉢ ㉣ ㉤ ② ㉡ ㉢ ㉣ ㉤ ㉧
③ ㉡ ㉢ ㉤ ㉧ ④ ㉢ ㉣ ㉤ ㉧
⑤ ㉢ ㉤ ㉧ ⑥ ㉠ ㉥ ㉦ ㉧
⑦ ㉥ ㉦ ㉧ ⑧ ㉥ ㉦

(ㄱ) (O) 범인이 자신을 위하여 타인으로 하여금 허위의 자백을 하게 하여 범인도피죄를 범하게 하는 행위는 방어권의 남용으로 범인도피죄의 교사에 해당한다[大判 2000. 3. 24, 2000도20].

(ㄴ) (X) 이렇게 주장하는 소수설이 있으나(이재상, 배종대), 범인도피죄의 행위객체에는 불기소처분을 받은 자도 포함한다는 것이 다수설의 입장이다.

(ㄷ) (X) 범인도피죄의 행위객체는 반드시 진범인일 필요는 없고 범죄혐의로 수사 또는 소추를 받고 있는 자를 포함한다는 것이 판례의 태도이다[大判 1982. 1. 26, 81도1931].

(ㄹ) (X) 학설은 범인도피죄 또는 범인은닉죄의 행위객체가 반드시 진범인이어야 하는지 여부에 대해 의견이 갈리고 있을 뿐, 어느 단계에서건 진범인이 행위객체가 된다는 점에 대해서는 이견이 없다.

(ㅁ) (X) 판례는 긍정하나, 다수설은 이를 부정한다. 형사피고인은 위증죄의 정범적격이 없기 때문에 정범은 물론 교사범도 될 수 없다(다수설).

(ㅂ) (O) [大判(全)1987. 7. 7, 86도1724]. 증인으로 선서한 이상 진실대로 진술한다고 하면 자신의 범죄를 시인하는 진술을 하는 것이 되고 증언을 거부하는 것은 자기의 범죄를 암시하는 것이 되어 증인에게 사실대로의 진술을 기대할 수 없다고 하더라도 형사소송법상 이러한 처지의 증인에게는 증언을 거부할 수 있는 권리를 인정하여 위증죄로부터의 탈출구를 마련하고 있는 만큼 적법행위의 기대 가능성이 없다고 할 수 없으므로 선서한 증인이 증언거부권을 포기하고 허위의 진술을 하였다면 위증죄의 처벌을 면할 수 없다.

(ㅅ) (O) 위증죄 소정의 허위진술은 진술내용이 증인의 기억이나 확신에 반하는 경우를 의미한다는 데 학설과 판례가 일치되어 있다(주관설).

(ㅇ) (X) 진술내용이 객관적 진실에 반하는 경우를 허위라고 보는 객관설에 의하면 甲은 위증죄의 죄책을 지나, 주관설에 의하면 甲은 자신의 기억대로 진술하였기 때문에 위증죄가 성립하지 않는다.

정답 ②

99. 위증죄와 무고죄에 대한 다음 설명 중 옳지 않은 내용만으로 연결된 것은?(다툼이 있는 경우에는 판례에 의함)

가. 양자 모두 국가적 법익에 관한 죄로서, 국가의 사법기능을 보호하기 위한 죄이다.
나. 위증죄는 그 주체의 제한이 있으나, 무고죄는 주체에 제한이 없다.
다. 위증죄든 무고죄든 부작위에 의한 진술 또는 무고도 가능하다.
라. 위증죄는 모해의 목적이 존재하면 가중처벌되나, 무고죄는 기본적으로 목적의 존재를 전제로 한다.
마. 위증죄이든 무고죄이든 진정신분범인 동시에 자수범으로서의 성격을 가진다.
바. 피고인이 자기사건에 관하여 허위진술을 한 경우에는 위증죄가 성립하지 않으나, 타인의 형사피고사건에서 선서한 증인이 자기의 범죄사실을 은폐하기 위해 허위진술을 하였다면 위증죄가 성립한다.
사. 민사소송의 당사자인 A회사의 대표이사 甲이 소송절차 중에 법정에 증인으로 출석하여 선서한 후 허위진술을 한 경우 甲에게 위증죄가 성립한다.

① 가-다-마 ② 나-라-바
③ 다-마-사 ④ 라-마-바
⑤ 마-바-사 ⑥ 나-마-바
⑦ 가-마-사 ⑧ 나-다-사

해설

※ 틀린 것은 다, 마, 사이다.

가. (O)

나. (O) 위증죄의 주체는 법률에 의하여 선서한 증인만이 주체가 될 수 있으나, 무고죄는 주체에 제한이 없으며 공무원도 주체가 될 수 있다.

다. (X) 위증죄에서는 부작위에 의한 진술이 가능하나, 무고죄에서는 부작위에 의한 무고는 불가능하다.

라. (O) 단순위증죄에서는 목적이 필요하지 않으나 모해의 목적이 있으면 모해위증죄로 가중처벌된다. 그러나 무고죄는 타인으로 하여금 형사처분 또는 징계처분을 받게 할 목적이 있을 것을 요건으로 하는 목적범이다.

마. (X) 위증죄는 진정신분범인 동시에 자수범이나 무고죄는 주체에 제한이 없기 때문에 진정신분범도 자수범도 아니다.

바. (O) [大判(全) 1987. 7. 7, 86도1724] 증인으로 선서한 이상 진실대로 진술한다고 하면 자신의 범죄를 시인하는 진술을 하는 것이 되고 증언을 거부하는 것은 자기의 범죄를 암시하는 것이 되어 증인에게 사실대로의 진술을 기대할 수 없다고 하더라도 형사소송법상 이러한 처지의 증인에게는 증언을 거부할 수 있는 권리를 인정하여 위증

죄로부터의 탈출구를 마련하고 있는 만큼 적법행위의 기대 가능성이 없다고 할 수 없으므로 선서한 증인이 증언거부권을 포기하고 허위의 진술을 하였다면 위증죄의 처벌을 면할 수 없다.

사. (X) [大判 1998. 3. 10, 97도1168] 민사소송의 당사자는 증인능력이 없으므로 증인으로 선서하고 증언하였다고 하더라도 위증죄의 주체가 될 수 없고, 이러한 법리는 민사소송에서의 당사자인 법인의 대표자의 경우에도 마찬가지로 적용된다.

정답 ③

100. 다음 중 무고죄에 해당할 수 있는 것을 모두 고른 것은?

㉠ 자기무고
㉡ 승낙무고
㉢ 공동무고
㉣ 부작위에 의한 무고
㉤ 허무인 또는 사자에 대한 무고
㉥ 11세의 소년에 대한 무고
㉦ 법인에 대한 무고

① ㉠ ㉢ ㉣ ㉤ ② ㉠ ㉢ ㉥ ㉦
③ ㉡ ㉢ ㉣ ㉤ ④ ㉡ ㉢ ㉥ ㉦
⑤ ㉡ ㉣ ㉥ ㉦ ⑥ ㉡ ㉢ ㉤
⑦ ㉡ ㉥ ㉦ ⑧ ㉢ ㉥ ㉦

해설

※ ㉡㉢㉥㉦의 4개가 무고죄에 해당할 수 있다.

㉠ (X) 무고죄는 타인으로 하여금 형사처분 또는 징계처분을 받게 할 목적이 있어야 성립하는 목적범이므로, 자기무고는 무고죄에 해당할 수 없다.

㉡ (O) 무고죄는 피무고자의 자유도 부차적 보호법익이지만 주된 보호법익이 국가적 법익이므로 피해자의 승낙으로 범죄의 성립이 조각될 수 없다. 승낙무고도 무고죄에 해당한다.

㉢ (O) 자기와 타인이 공범관계에 있다고 무고하는 것을 공동무고라 하는바, 타인의 범죄부분에 대해서는 무고죄가 성립한다.

㉣ (X) 무고죄는 허위사실을 자진하여 적극적으로 신고하여 형사처분 또는 징계처분의 원인을 제공했다는 것이 불법내용이므로 단순한 부작위에 의해서는 무고의 불법이 실현될 수 없다. 따라서 부작위에 의한 무고는 무고죄에 해당하지 않는다.

㉤ (X) 무고죄에서 형사처분 등을 받게 될 타인은 특정되고 인식할 수 있는 살아있는

사람을 말한다. 사자나 허무인에 대해 허위신고가 있더라도 국가의 심판기능이 침해될 위험이 없으므로 허무인 또는 사자에 대한 무고는 무고죄에 해당하지 않는다.

ⓑ (O) 무고죄의 목적으로 형사처분을 받게 할 목적에서 '형사처분'에는 소년법에 의한 보호처분도 포함하므로 11세의 소년에 대한 무고도 무고죄에 해당할 수 있다.

ⓢ (O) 법인도 형사처분을 받을 수 있으므로 법인에 대한 무고도 무고죄에 해당할 수 있다.

정답 ④

[大法院 判決]

편저자 소개

한양대학교 법과대학 법학과 졸업
현 베리타스 법학원 형법전임

주 요 저 서

객관식 형법이론총정리(베리타스)
객관식 형법 필수이론 50선
(도서출판 사람들)
형법이론 O X(도서출판 사람들)

객관식 형법이론 100선

2010년 1월 29일 인쇄
2010년 2월 1일 발행
편저자 정 인 수
발행인 김 명 석 외 발행처 도서출판 사람들

서울특별시 서초구 서초동 1445-13 쌍용플래티넘 B/D 508호
Tel. 02_587_8607, Fax. 02_586_8607

정가 8,000원

ISBN 978-89-963632-4-8 13360